Lustige Rätselreime für Senior*innen

Zum Knobeln, Raten und Ergänzen

Verlag an der Ruhr

Impressum

Titel
Lustige Rätselreime für Senior*innen
Zum Knobeln, Raten und Ergänzen

Autorin
Ute Schröder

Umschlagmotive
Senior*innen: © Aleutie – stock.adobe.com, Glühbirne: © Andy Dune – Shutterstock.com
Koch: © tynyuk – Shutterstock.com

Motive Innenteil
Glühbirne: © Andy Dune – Shutterstock.com
Antworthäkchen: © Arcady – stock.adobe.com

Lektorat
Corina Altmann

Druck
AZ Druck und Datentechnik GmbH, Kempten, DE

Verlag an der Ruhr
Mülheim an der Ruhr
www.verlagruhr.de

ISBN 978-3-8346-4553-1

Inhaltsverzeichnis

Hinweis: Der Verlag an der Ruhr legt großen Wert auf eine geschlechtergerechte und inklusive Sprache. Daher nutzen wir bevorzugt das Gendersternchen, um sowohl männliche und weibliche als auch nichtbinäre Geschlechtsidentitäten einzuschließen. Alternativ verwenden wir neutrale Formulierungen. In den Rätseln selbst verzichten wir dennoch auf das Gendern. Dies ist eine Einzelfallentscheidung aus didaktischen Gründen und ist in keinem Fall ausschließend oder diskriminierend zu verstehen.

Vorwort

*Liebe Leser*innen,*

Humor hat eine heilsame Wirkung. Im Volksmund sagt man auch: „Lachen ist die beste Medizin“. Gelebter Humor trägt damit zum Wohlbefinden der Senior*innen bei. Denn Lachen entspannt, fördert das soziale Miteinander und die Geselligkeit.

Genauso wichtig wie der Humor ist die sinnvolle und unterhaltsame Beschäftigung mit den Senior*innen. Da das Rätseln eine beliebte Freizeitaktivität älterer Menschen ist, habe ich diese beiden Elemente in „Lustige Rätselreime für Senior*innen“ vereint. Das Buch bietet Ihnen als Betreuungskraft oder Angehörigen die Möglichkeit, die Fähigkeiten Ihrer Senior*innen und zu Betreuenden auf heitere Art und Weise zu fördern.

Rätsel sind ein hervorragendes Mittel zur **Förderung der Sprache und der Kognition**. Einfache Denkoperationen, wie Beziehungen und **Zusammenhänge zu erkennen, Vergleiche anzustellen** und **Schlussfolgerungen zu ziehen**, werden ebenso aktiviert wie **Konzentration** und **Fantasie**. Das Spiel mit Wörtern, Silben und Lauten schult das **Hörverstehen** und die Wortbildung. Besonders bei Rätselaufgaben in Reimform wird das Gefühl für Sprachrhythmus und Sprachmelodie angeregt. Rätsel sind zudem kleine Herausforderungen, die **Spaß** machen und den Ehrgeiz wecken, das eigene Wissen zu testen.

Liebe*r Rätselfreund*in, sollten Sie sich allein mit diesem Buch beschäftigen, decken Sie die Lösungswörter, die immer rechts auf jeder Buchseite stehen, vor dem Lesen ab. Nehmen Sie dazu ein Blatt Papier und geben Sie die Lösungswörter Zeile für Zeile frei.

Ich wünsche Ihnen und Ihren zu Betreuenden viel Spaß beim Rätsellösen.

Ute Schröder

Methodische Hinweise

Damit das gemeinsame Rätseln für Sie und Ihre Senior*innen ein Erfolg wird, hier noch einige inhaltliche und methodische Hinweise:

- Die Rätsel in diesem Buch sind in neun Themen gegliedert, die Senior*innen besonders ansprechen.

- Jedes Thema beginnt mit einer Seite, auf der das Thema selbst durch einen Rätselreim erraten werden kann. Entsprechende Abbildungen weisen ebenfalls auf das gesuchte Thema hin.

- Zu einigen Rätseln finden Sie Tipps, die Sie für eine weiterführende Beschäftigung mit den Senior*innen nutzen können.

- Welche Rätsel für welche Senior*innen geeignet sind, entscheiden Sie als Betreuungskraft je nach Gruppenzusammensetzung, kognitiver Leistungsfähigkeit und Tagesform der Senior*innen.

- Klären Sie bei größeren Gruppen mit den Senior*innen vorab, wie die Rätsel gelöst werden sollen. Es könnte sonst zu Unruhe führen. Möglich wäre:
  - Alle Senior*innen flüstern Ihnen das Lösungswort ins Ohr.
  - Alle Senior*innen schreiben das Lösungswort auf einen Zettel.
  - Immer ein*e Senior*in nennt der Reihe nach oder auf ein Handzeichen hin das Lösungswort.

Methodische Hinweise

Rätselformen

Um das Rätseln zu einem bestimmten Thema abwechslungsreich und unterhaltsam zu gestalten, sind in den einzelnen Themen jeweils vier verschiedene Rätselformen enthalten.

→ **RÄTSELREIME** sind Verse, in denen wesentliche Eigenschaften, Äußerlichkeiten, Verhaltensweisen oder der Verwendungszweck eines Begriffes genannt werden. Durch diese zentralen Beschreibungen sollen die Senior*innen jeweils ein Lösungswort erraten.

→ **RÄTSELLIEDER** beinhalten jeweils mehrere Strophen, wobei jede Strophe Hinweise auf ein oder mehrere gesuchte Lösungswörter gibt. Grundlage der Lieder in diesem Buch sind ausschließlich bekannte, volkstümliche Melodien. Sollte Ihnen ein Lied dennoch unbekannt sein, lassen Sie es sich von den Senior*innen vorsingen. Möchten Sie nicht singen, können die Liedtexte auch nur vorgelesen werden.

→ **KESSELRÄTSEL** stehen für Homonyme, d. h. für Wörter, die zwei unterschiedliche Bedeutungen haben, z. B. „Bank“ für eine Sitzgelegenheit einerseits und ein Geldinstitut andererseits. In jedem Rätsel werden Hinweise zu beiden Wortbedeutungen gegeben, wobei sich die ersten Hinweise immer auf die Bedeutung beziehen, welche zum jeweiligen Thema passt.

→ **RATEREIMGESCHICHTEN** erzählen eine kleine Begebenheit, in der mehrere Lösungswörter gesucht werden. Da diese ausschließlich Reimwörter sind, fällt den Senior*innen das Finden der Lösungswörter leicht.

Berufe

Rätseln, raten, reimen ist gut für Alt und Jung.
Es bringt die grauen Zellen wunderbar in Schwung.
Drum aufgepasst und mitgemacht, denn auf den nächsten Seiten
wird ein bestimmtes Thema den Rätselspaß begleiten.

Bei seiner Wahl ist man meist frei.
Mancher hat einen, mancher hat zwei.
Erlernen muss man ihn in Jahren,
Praxis und Theorie erfahren.
Für diese Tätigkeit verdient man Geld,
das man bestenfalls monatlich erhält.
Glücklich und zufrieden ist so mancher dann,
wenn er sein eignes Hobby dazu machen kann.

Beruf

Berufe: © tynyuk – Shutterstock.com

Rätselreime

- Schnitzel kleben an der Decke,
  Kartoffeln wachsen in der Ecke,
  Möhren sprießen aus dem Schrank,
  Erbsen kullern von der Bank,
  Soße läuft durchs Schlüsselloch
  und auf dem Teller sitzt der …

  Koch.

- Seine Arbeiten braucht jeder,
  gemacht sind sie aus gutem Leder.
  Er braucht Hammer, Nägel, Leim,
  viele Ahlen, groß und klein.
  Eine Schürze muss er tragen,
  die richt'gen Maße stets erfragen.
  Ihm raten wir am meisten:
  „Bleib bei deinem Leisten!"

  Schuster

***TIPP**: Fragen Sie die Senior*innen nach der Bedeutung des Sprichwortes.*
(sich auf das beschränken, was man gut kann; nicht nach Höherem streben)

- Sie vereint Geschick und Kunst.
  Pflanzen stehn in ihrer Gunst.
  Ihr Name ist zum Teil Latein.
  Duft und Farbe bringt sie ins Heim.
  Den Kavalier, den braucht sie nicht,
  der mit Blumen viel verspricht,
  denn sie muss die Zeit nur finden
  und einen Blumenstrauß sich binden.
  Gestecke macht sie außerdem,
  auf Tischen sehr schön anzusehn.

  Floristin

- Wer liebt die Wellen und den Wind?
  Wer hat in jedem Ort ein Kind,
  in jedem Hafen eine Frau,
  trinkt viel Rum, ist öfters blau?
  Wer hält das Ruder fest im Griff
  und umsegelt jedes Riff?
  Der, der das am besten kann,
  heißt an Bord der …

  ✓ Steuermann.

- Früher war er hoch verehrt,
  seine Meinung hatte Wert.
  Mit der Kreide in der Hand
  er vor der ganzen Klasse stand.
  Vor Streichen war er nie gefeit.
  Das ist bis heute noch sein Leid.
  Kann er's mit Humor ertragen,
  wird er sich nicht ganz so plagen.

  ✓ Lehrer

> ***TIPP***: *Fragen Sie die Senior*innen nach Streichen, die sie in ihrer Schulzeit durchgeführt oder miterlebt haben.*

- Der Lautsprecher hat uns gebeten,
  noch ein Stück zurückzutreten.
  Dann fährt der Zug zum Bahnhof rein
  und alle Leute steigen ein.
  Wann der Zug nun fährt genau,
  das bestimmt nur diese Frau.
  Hat die Pfeife sie verlegt,
  sich der Fahrgast schnell erregt.

  ✓ Schaffnerin

Rätsellied

HINWEIS: *Lassen Sie beim Vorsingen die Lösungswörter weg und ersetzen Sie diese durch Klatschen im Takt. Die Senior*innen versuchen, die fehlenden Wörter zu ergänzen.*

Grün, grün, grün sind alle meine Kleider

Grün, grün, grün sind alle meine Kleider,
grün, grün, grün ist alles, was ich hab.
Darum lieb ich alles, was so grün ist,
weil mein Schatz ein … ist. Jäger

Blau, blau, blau sind alle meine Kleider,
blau, blau, blau ist alles, was ich hab.
Darum lieb ich alles, was so blau ist,
weil mein Schatz ein … ist. Seemann

Schwarz, schwarz, schwarz sind alle meine Kleider,
schwarz, schwarz, schwarz ist alles, was ich hab.
Darum lieb ich alles, was so schwarz ist,
weil mein Schatz ein … ist. Schornsteinfeger

Weiß, weiß, weiß sind alle meine Kleider,
weiß, weiß, weiß ist alles, was ich hab.
Darum lieb ich alles, was so weiß ist,
weil mein Schatz ein … ist. Bäcker

Bunt, bunt, bunt sind alle meine Kleider,
bunt, bunt, bunt ist alles, was ich hab.
Darum lieb ich alles, was so bunt ist,
weil mein Schatz ein … ist. Maler

(Volkslied, Melodie und Text: aus Pommern)

> ***TIPP**: Lassen Sie auch andere Berufsbezeichnungen als Lösung zu, z. B. weiß – Arzt, Koch, und denken Sie sich gemeinsam mit den Senior*innen weitere Strophen aus, z. B. orange – Müllfahrer.*

Kesselrätsel

- Es gibt Wörter, die gleich klingen,
doch sind sie Namen von zwei Dingen.
Die eine war aus Holz gemacht,
zum Messen war das Ding gedacht.
Der Schneider nahm sie oft zur Hand,
maß damit den Stoff, das Band.
Die andere hat Frau, Mann, Kind,
zwei Stück davon gleich in ihm sind.
Sie sitzt im Arm, nicht im Gesicht,
doch die Speiche ist es nicht.

Elle

- Es gibt Wörter, die gleich klingen,
doch sind sie Namen von zwei Dingen.
Den einen schließt der Klempner an
und baut dazu noch Rohre dran.
Man dreht ihn auf, man dreht ihn zu
und frisches Wasser kommt im Nu.
Der andere lebt auf dem Land
und ist für sein Gekräh bekannt.
Eier kann er keine legen,
doch stolzieren ganz verwegen.

Hahn

- Es gibt Wörter, die gleich klingen,
doch sind sie Namen von zwei Dingen.
Die eine uns der Schneider macht,
ist für den feinen Herrn gedacht.
Sie wird für ein paar Stunden
um den Hals gebunden.
Zur Hochzeit oder einem Ball,
dort sieht man sie auf jeden Fall.
Die andere, zum Glück nicht hier,
ist ein kleines, schwarzes Tier,
mit ihren Flügeln summt sie dann
und ärgert Sie, wenn sie es kann.
Auch Tiere sucht sie gerne auf,
setzt sich auf ihre Häufchen drauf.

Fliege

- Es gibt Wörter, die gleich klingen,
doch sind sie Namen von zwei Dingen.
Die eine wird erfüllt mit Leben.
Für sie würde er alles geben.
Der Schauspieler, der sie bekommt,
lernt und paukt die Texte prompt.
Jeder möchte eine spielen
und Erfolg damit erzielen.
Die andere macht man im Sport,
aber nicht ausschließlich dort.
Kinder mögen diese sehr
und sie ist auch gar nicht schwer,
kopfüber einmal drehen
und dann wieder stehen.

Rolle

***TIPP**: Fordern Sie die Senior*innen auf, passende Reimwörter zu dem Lösungswort zu finden, z. B. Wolle, Jolle, Scholle …*

- Es gibt Wörter, die gleich klingen,
doch sind sie Namen von zwei Dingen.
Den einen, den verschenkt man gern
zu Besuch bei nah und fern.
Soll er wunderschön aussehen,
muss man zum Floristen gehen.
Tragen Sie ihn zu sich heim,
muss er schnell ins Wasser rein.
Der andere hat lange Beine.
Ein Vogel ist er, wie ich meine.
Fliegen kann er leider nicht,
denn zu schwer ist sein Gewicht.
Dafür kann er sehr schnell laufen,
mit ihm sollte man nicht raufen.

✓ Strauß

- Es gibt Wörter, die gleich klingen,
doch sind sie Namen von zwei Dingen.
Den einen tragen Frau und Mann.
Der Goldschmied fertigt diesen an.
Mal ist er grob, mal ist er fein,
teuer wird's mit Edelstein.
Seit vielen vielen Jahren schon
hat er zur Hochzeit Tradition.
Der andere, der hat vier Ecken,
Seile sich darum erstrecken.
Drei Menschen laufen dort ganz munter,
zwei boxen, einer zählt herunter.
Die Zuschauer, hypnotisiert,
schauen, was darin passiert.

✓ Ring

TIPP: *Nutzen Sie das Lösungswort und bilden Sie gemeinsam eine Wortkette, z. B. Ringfinger – Fingerhut – Hutschachtel …*

Ratereimgeschichten

HINWEIS: *Lassen Sie beim Vorlesen die gekennzeichneten Reimwörter weg. Bitten Sie die Senior*innen, die fehlenden Wörter zu ergänzen.*

Käpt'n Rainer

Als Rainer noch ein Kindlein war,
liebte er schon die … ✓ Gefahr.
Wasser ist sein Element,
Schiffe, Fische er gut … ✓ kennt.
Und so war's vorauszusehen:
Der Rainer, der wird … ✓ Kapitän.
Er wollte immer nur aufs Meer
und das Segeln liebt er … ✓ sehr.
Nun ist er groß, ein starker Mann,
und macht, was er am besten … ✓ kann.
Früh schon geht er aus dem Haus
und segelt auf das Meer … ✓ hinaus.
Dort fängt er immer frisch
fürs Abendbrot den … ✓ Fisch.
Seine Frau, die gute Anne,
am Herd schon wartet mit der … ✓ Pfanne.
Kartoffeln gibt es dazu auch.
Anne reibt sich schon den … ✓ Bauch.
Ihr Rainer, der fängt stets etwas.
Auf ihren Mann, da ist … ✓ Verlass.
Rainer segelt um das Riff
mit seinem wunderschönen … ✓ Schiff.
Dann holt er die Segel ein
und wirft das Netz ins Wasser … ✓ rein.

Reißaus nimmt schnell die kleine Qualle,
die Fische schwimmen in die … Falle.
Der Rainer wartet gar nicht lang
und zieht an Bord den fetten … Fang.
Da schwimmt ein Ungetüm herbei,
ein ziemlich großer Weißer … Hai.
Rainer zieht nun schnell und schneller,
der Fang sollte auf seinen … Teller.
Nicht im Maul soll er verschwinden.
Das muss Rainer unter… -binden.
Der Hai kommt näher, dieser Schuft,
das Netz baumelt schon in der … Luft.
Er ist hungrig und nicht faul
und öffnet schon sein großes … Maul.
Ob Käpt'n Rainer es noch schafft?
Er zieht mit allerletzter … Kraft.
Hau ruck, die Fische sind an Deck,
das Ungetüm schwimmt endlich … weg.
Das wäre beinah schiefgegangen.
Rainer hätte nichts ge… -fangen.
Anne wäre mächtig sauer,
liegt bestimmt schon auf der … Lauer.
Doch zum Glück ging alles gut,
denn der Rainer, der hat … Mut.

TIPP: Die Geschichte eignet sich gut für eine anschließende Gesprächsrunde zu den Themen Segeln, Angeln und Hochseeangeln.

In einer bunten Welt

Berufe es sehr viele gibt.
Manch einer ihn besonders … — liebt.
Der Direktor mit Zylinder
begrüßt Erwachsene und … — Kinder.
„Kommt in unsre Zirkuswelt!
Kommt herein ins Zirkus… — -zelt!“
Wird jedes Kunststück toll gelingen?
Wir werden sehn! Lasst uns … — beginnen!
Der starke Löwe mit seiner Mähne
hat ganz spitze, scharfe … — Zähne.
Mit einem großen Satz
sitzt er auf seinem … — Platz.
Wenn der Dompteur die Peitsche schwingt,
der Löwe durch den Reifen … — springt.
Der Jongleur lässt Bälle fliegen.
Muskelmann kann Eisen … — biegen.
Die Artistin auf dem Seile
balanciert ganz ohne … — Eile.
Der Clown wirft Bonbons aus der Dose.
Oh weh, da rutscht ihm seine … — Hose.
Kein Platz ist heute leer geblieben.
Der Direktor ist zu… — -frieden.
Die Vorstellung ganz prima lief.
Er zieht den Hut, verbeugt sich … — tief.
Dabei denkt er nur bei sich:
„Das Zirkusleben liebe … — ich.
Mein Beruf mir gut gefällt.
Er ist der schönste auf der … — Welt.“

Gesellschaftsspiele

Rätseln, raten, reimen ist gut für Alt und Jung.
Es bringt die grauen Zellen wunderbar in Schwung.
Drum aufgepasst und mitgemacht, denn auf den nächsten Seiten
wird ein bestimmtes Thema den Rätselspaß begleiten.

Man kennt sie, seit es Menschen gibt.
Sie waren und sie sind beliebt.
Sie dienen uns zum Zeitvertreib,
bringen Spaß und Heiterkeit.
Mal braucht man dazu einfach Glück
oder auch recht viel Geschick.
Wer nur schlecht verlieren kann,
fängt damit lieber nicht erst an.

Gesellschaftsspiele

Rätselreime

- Wie hieß doch gleich das eine Spiel,
welches mir so gut gefiel?
Fünf Würfel braucht man an der Zahl,
einen Becher ganz nach Wahl,
einen Spielblock, vorgedruckt,
auf den man immer wieder guckt.
Eine große Straße bauen,
nach einer guten Chance schauen,
3-mal würfeln, kombinieren
oder träumen und verlieren.

Kniffel

- Für das Spiel, äußerst bekannt,
braucht man eine ruhige Hand.
Geduld und Ruhe bis zum Schluss
sind ein absolutes Muss.
Viel braucht's nicht, das ist richtig,
nur die Stäbe sind ganz wichtig.
Behutsam muss man diese fassen,
darf dabei nichts wackeln lassen.

Mikado

- Zuallererst war ich aus Leder.
Kunststoff wurde daraus später.
Eine Öffnung habe ich
zum Befüllen sicherlich.
Fünf Würfel sitzen in mir drin.
Sie zu schütteln, ist mein Sinn.
Zum Trinken bin ich nicht gedacht.
Passiert es doch, wird stets gelacht.

Würfelbecher

Viele Karten auf dem Tisch,
ihre Bilder sieht man nicht.
Umdrehn darf man nur zwei Stück
und mit etwas Grips und Glück
findet man der Paare viele.
Na? Wie heißen diese Spiele?

Memory

Spielen wollen Groß und Klein.
Jeder will ein Sieger sein.
Doch so ist nun mal das Leben,
es kann nicht nur Sieger geben.
Und wie heißen Karl und Max,
sind sie auf dem letzten Platz?

Verlierer

Ich kenne da ein Kartenspiel.
Als Kind es mir schon sehr gefiel.
Fast kann ich den Namen hören,
wenn mein Hund, der kleine Sören,
laut und deutlich bellt: „Wau, wau."
Ach ja, das Spiel, es heißt ...

Mau-Mau

Dieses Spiel braucht kein Geschick,
dafür jede Menge Glück.
Zahlen sieht man kolossal,
in einer Reihe, diagonal.
Dazu ich einen Spielschein brauch,
einen Stift natürlich auch.
Sieger ist mit Sicherheit,
wer den Spielnamen laut schreit.

Bingo

Kugeln: © ONYXprj – Shutterstock.com

Rätsellied

HINWEIS: *Lassen Sie beim Vorsingen die Lösungswörter weg und ersetzen Sie diese durch Klatschen im Takt. Die Senior*innen versuchen, die fehlenden Wörter zu ergänzen.*

Die drei Senioren

Drei Senioren hatten großen Spaß.
Sie saßen auf der Straße
und sie spielten was.
Da kam die Polizei und gab einen Rat:
„Zwei der Karten drückt man in den … Skat."

Drei Senioren hatten großen Spaß.
Sie saßen im Gewächshaus
und sie spielten was.
Da kam die Polizei mit 'nem Omnibus:
„Seht, die spielen munter Stadt, Land, … Fluss."

Drei Senioren hatten großen Spaß.
Sie saßen auf den Schienen
und sie spielten was.
Da kam die Polizei: „Das ist gar nicht gut.
Die spieln in aller Ruhe ‚Fang den … Hut.'"

Drei Senioren hatten großen Spaß.
Sie saßen auf der Brücke
und sie spielten was.
Da kam die Polizei auf 'nem Suppentopf:
„Die spielen ganz gemütlich Doppel… -kopf."

Spielkarten: © ONYXprj – Shutterstock.com

Drei Senioren hatten großen Spaß.
Sie saßen auf der Kreuzung
und sie spielten was.
Da kam die Polizei und fragt: „So, so, so,
Sie spielen doch nicht etwa …

Domino?"

(nach der Melodie von „Drei Chinesen mit dem Kontrabass", seit dem frühen 20. Jahrhundert mündlich überliefert)

TIPP: *Fragen Sie die Senior*innen nach ihrem Lieblingsspiel oder nach Spielen ihrer Kindheit. Merken Sie sich ein bei vielen Senior*innen beliebtes Spiel und bieten Sie es ihnen an einem der folgenden Tage zum gemeinsamen Spielen an.*

Kesselrätsel

- Es gibt Wörter, die gleich klingen,
doch sind sie Namen von zwei Dingen.
Der eine ist recht flach und klein.
Er kann schwarz oder weiß sein.
Man braucht ihn für bestimmte Spiele,
zum Beispiel „Dame" oder „Mühle".
Der andere hat viele Formen,
die Natur hat ihn geboren.
Sie finden ihn am Wegesrand,
in den Bergen und am Strand.
Schlecht ist er in Ihrem Schuh,
denn er zwickt und drückt im Nu.

Stein

- Es gibt Wörter, die gleich klingen,
doch sind sie Namen von zwei Dingen.
Der eine ist oftmals begehrt,
weil er zum Schluss den Sieger ehrt.
Ob beim Wettkampf oder Spiel,
der Teilnehmer hat dieses Ziel.
Er kann ein schlichter Gutschein sein,
eine Reise auf dem Rhein,
eine ganze Menge Geld
oder auch ein Campingzelt.
Der andere wird festgelegt,
auf allen Waren er dann steht.
Manchmal steigt er oder fällt.
Auf jeden Fall kostet er Geld.

✓ Preis

TIPP: *Das Rätsel eignet sich gut für eine anschließende Gesprächsrunde.*
*Fragen Sie die Senior*innen:*
- *Wer hat schon einmal einen Preis gewonnen?*
- *Was war das für ein Preis? Für welche Aktion?*

- Es gibt Wörter, die gleich klingen,
doch sind sie Namen von zwei Dingen.
Die einen es so lang schon gibt,
wie das Würfeln ist beliebt.
Jeder Würfel hat sechs Seiten.
Über den Wert braucht man nicht streiten.
Denn jede Seite hat sie dran,
von eins bis sechs man zählen kann.
Die anderen, stets im Gesicht,
die übersieht man wirklich nicht.
Man kann sie öffnen, kann sie schließen,
damit böse Blicke schießen.

✓ Augen

- Es gibt Wörter, die gleich klingen,
doch sind sie Namen von zwei Dingen.
Der eine auf dem Schachbrett steht,
sich hier nicht von allein bewegt.
Er steht dort neben einem Pferd,
hat im Spiel recht großen Wert.
Ein falscher Zug ohne Bedacht
ihn gleich mal zum Verlierer macht.
Der andere liegt als Ersatz,
wenn für die Tischdecke kein Platz.
Von flinken Händen, ganz geschickt,
wird er mit Mustern oft bestickt.

✓ Läufer

- Es gibt Wörter, die gleich klingen,
doch sind sie Namen von zwei Dingen.
Das eine hat man in der Hand.
Das deutsche ist sehr wohl bekannt.
Farben, Formen gibt es an.
Auf Karten sieht es jedermann.
Das andere wächst ganz allein,
von riesengroß bis winzig klein.
Jeder Baum trägt davon viele,
jedes hängt an einem Stiele.
Kommt der Herbst, werden sie bunter
und jedes fällt vom Baum herunter.

✓ Blatt

***TIPP**: Nutzen Sie das Lösungswort und bilden Sie gemeinsam eine Wortkette, z. B. Blattsalat – Salatbesteck – Besteckkasten …*

Ratereimgeschichten

HINWEIS: *Lassen Sie beim Vorlesen die gekennzeichneten Reimwörter weg. Bitten Sie die Senior*innen, die fehlenden Wörter zu ergänzen.*

Die prahlenden Spielfiguren

Auf einem Speicher, auf den Dielen,
stand eine Kiste voll mit … Spielen.
Ganz verstaubt schon unterdessen,
hatte man sie wohl ver… -gessen.
Ein Schachspiel, ganz gemacht aus Holz,
hatte jedoch seinen … Stolz.
Vom Faulenzen schon völlig matt,
hatten's drei Figuren … satt.
Der Bauer hob den Deckel an:
„Ha, ich bin ein starker … Mann."
Das Pferd sprang einfach hinterher:
„So weit wie ich springt keiner … mehr."
Der Läufer brauchte wenig Zeit:
„Der Schnellste bin ich weit und … breit."
Da standen sie nun alle drei.
Mit Langeweile war's … vorbei.
„Lasst uns schnell von hier verschwinden
und ein schönes Plätzchen … finden!"
Sie kletterten zum Fenster raus,
weg vom Speicher, weg vom … Haus.
Und nach gar nicht langer Zeit
kam es gleich zum ersten … Streit.
Keiner wollte gehn allein.
Doch wer sollte Bestimmer … sein?

Und schon gaben alle an,
was ein jeder ganz toll … kann.
Der Läufer wollte Hasen fangen,
ist in einen Wald ge… -gangen.
Doch er war so ungeschickt,
brach sich leider das … Genick.
Der Bauer lobte seine Kraft
und prahlte, was er alles … schafft.
Eine Kuh wollte er heben,
sollte überm Kopfe … schweben.
Kaum hatte er sie hochgehoben,
kam das Unglück schon von … oben.
Seine Kraft, die reichte nicht,
viel zu schwer war das … Gewicht.
Und mit einem lauten Klatsch
war der Bauer einfach … Matsch.
Das Pferd, es wollte ganz weit springen
und wieherte: „Das wird ge… -lingen."
Über einen tiefen Graben
wollte einen Sprung es … wagen.
Es nahm Anlauf und sprang ab,
doch der Sprung, er war zu … knapp.
So plumpste es mit Stock und Stein
in den tiefen Graben … rein.
So war es um die drei geschehen,
nie wieder wurden sie … gesehen.
Und was sagt uns die Geschichte?
Nicht immer stimmt, was einer … spricht.
Ob alt, ob jung, ob groß, ob klein,
Prahlerei bringt meist nichts … ein.

Man muss sich nur zu helfen wissen

Eva, eine kluge Frau, mag Gesellschaftsspiele.
Sie sammelt sie von Kindheit an, hat davon sehr … viele.
Ob Würfel- oder Kartenspiel, das ist einerlei,
sie ist einfach immer mit großem Spaß … dabei.
Ihre Kinder sind schon groß, sind alle aus dem Haus.
Ihr Mann mag diese Spiele nicht und so sieht's trübe … aus.
Doch so soll's nicht bleiben, hat Eva sich gedacht.
Sie grübelt hin und grübelt her bei Tag und in der … Nacht.
„Wen könnt ich nur fragen? Wer hat sehr viel Zeit?
Wer mag Unterhaltung und Gesellig… -keit?"
Eines Nachts kommt die Idee. Die Lösung liegt so nah.
Sie greift sich an den Kopf, dass sie sie jetzt erst … sah.
Am nächsten Morgen geht sie los, entschlossen und allein,
und macht sich auf den kurzen Weg zum Senioren… -heim.
Dort stellt sie sich ganz höflich vor und fragt beim Chef mal an,
ob sie vielleicht zu den Senioren zum Spielen kommen … kann.
„Wenn Sie jede Woche können, wär das wunderbar.
Die Senioren freuen sich und Zeit ist bei uns … rar."
Eva strahlt und lacht ihn an: nie mehr Spiele missen!
Hier zeigt sich wieder mal: „Man muss sich nur zu helfen … wissen."

***TIPP**: Die Ratereimgeschichte eignet sich gut für eine anschließende Gesprächsrunde, um den Bestand an Gesellschaftsspielen in Ihrer Einrichtung zu überprüfen. Welche Spiele vermissen die Senior*innen?*

Im Supermarkt

Rätseln, raten, reimen ist gut für Alt und Jung.
Es bringt die grauen Zellen wunderbar in Schwung.
Drum aufgepasst und mitgemacht, denn auf den nächsten Seiten
wird ein bestimmtes Thema den Rätselspaß begleiten.

Ihn muss man durchlaufen,
kann jede Menge kaufen.
Lebensmittel aller Art,
frisch, verpackt oder gegart,
lädt man in den Wagen ein,
bezahlt und bringt den Einkauf heim.
Gibt es dort Sonderangebote,
erhöht sich die Besucherquote.

Supermarkt

Tüte und Einkaufswagen: © Kololo – Shutterstock.com

Rätselreime

- Es ist wertvoll ohne Frage,
  doch selbstverständlich heutzutage.
  Keiner möchte es mehr missen.
  Doch zu viel, müssen Sie wissen,
  ist auf Dauer ungesund
  und macht trocken Ihren Mund.
  Verliebte Köche, hörte ich,
  dosieren es ganz fürchterlich.
  Und Ziegen, weiß ich ebenfalls,
  lecken äußerst gern an …

  ✓ Salz.

- Man braucht sie oft für allerlei.
  Im Kuchenteig ist sie dabei.
  Im Müsli ist sie sehr willkommen.
  Im Quark ist sie zumeist geronnen.
  Mit Honig fließt sie in dem Land,
  das uns als Paradies bekannt.
  Abgefüllt wird sie vom Bauer.
  Bei schlechter Laune wird sie sauer.

  ✓ Milch

- Er macht niemanden recht satt,
  obwohl er meistens Zucker hat.
  Man kann ihn essen und auch nicht,
  ganz gering ist sein Gewicht.
  Gekauft wird er ganz hart und steif.
  Im Munde wird er butterweich,
  wenn man kräftig darauf kaut.
  Er wird selten nur verdaut.
  Verboten ist er in der Schule,
  klebt dort unter Tisch und Stuhle.

  ✓ Kaugummi

- Am Anfang bin ich fest und hart.
  Im Wasser werd ich weich und zart.
  Zum Kuscheln bin ich trotzdem nicht,
  passe zu mancherlei Gericht.
  Ich schmecke mit Tomatensoße.
  Von mir gibt's kleine und auch große.

  Nudel

- Kennen Sie die kleinen Bären,
  die sich nicht im Wald vermehren?
  Man kann sie lutschen oder kauen.
  Der Gummi lässt sich gut verdauen.
  Ich mag besonders gern die weißen.
  Wie wohl die süßen Kleinen heißen?

  Gummibärchen

- Mich kennt man auf der ganzen Welt.
  Aus Fleisch werde ich hergestellt.
  Gewürze geben mir Geschmack.
  In einen Darm werd ich gepackt.
  Wollen Sie mich heiß aufessen,
  dann den Senf ja nicht vergessen.

  Wurst

- Sie steht in jedem Haushaltsschrank,
  in einer Flasche handlich schlank.
  Um grobem Schmutz gut beizukommen,
  wird sie äußerst gern genommen.
  Feine Körnchen sind in ihr,
  schmirgeln gut wie Sandpapier.
  „Milch" nennt sie sich eigentlich,
  doch trinken sollte man sie nicht.

  Scheuermilch

Im Supermarkt

- Im Supermarkt hab ich die Wahl,
  bei der Vielfalt eine Qual.
  Gedacht ist sie als Brotaufstrich,
  steht meist auf dem Frühstückstisch.
  Meine Oma macht sie gern
  ohne Stiel und ohne Kern.
  Mir schmeckt Erdbeere am besten.
  Damit könnte ich mich mästen.

  Marmelade, Konfitüre

TIPP: *Fragen Sie die Senior*innen nach ihrer Lieblingsmarmeladensorte.*

- Im Supermarkt steht er bereit.
  Das Selbermachen braucht viel Zeit.
  Er ist dickflüssig und rot,
  schmeckt zu Gegrilltem und zu Brot.
  Zum Würstchen passt er außerdem.
  Zu Pommes schmeckt er angenehm.
  Der Zuckeranteil ist recht stark,
  dazu kommt noch Tomatenmark.
  Essig, Salz, Gewürze fein
  gehören außerdem hinein.
  Für Kinder ist er Leibgericht,
  verschmiert ist damit das Gesicht.

  Ketchup

- Aus Milch wird er gemacht,
  zum Schimmeln oft gebracht.
  Ihn gibt's am Stück oder in Scheiben.
  Man kann ihn hobeln oder reiben.
  Manchmal stinkt er ganz gemein.
  Er passt gut zu Brot und Wein.

  Käse

Rätsellied

*HINWEIS: Lassen Sie beim Vorsingen die Lösungswörter weg und ersetzen Sie diese durch Klatschen im Takt. Die Senior*innen versuchen, die fehlenden Wörter zu ergänzen.*

Lustige Einkäufe

So ein Einkauf, der macht Freude, so ein Einkauf, der ist nett.
Der Herr Lehmann kauft zum Braten
50 Kilo frisches … Mett.
Holahi, holaho, holahia, hia, hia, holaho!

So ein Einkauf, der macht Freude, so ein Einkauf ist der Hit.
Die Frau Müller kauft zum Feiern
20 Flaschen Prima… -sprit.
Holahi, holaho, holahia, hia, hia, holaho!

So ein Einkauf, der macht Freude, so ein Einkauf geht ins Geld.
Den Herrn Schuster nervt sein Weibe,
er kauft sich ein Camping… -zelt.
Holahi, holaho, holahia, hia, hia, holaho!

So ein Einkauf, der macht Freude, so ein Einkauf, der braucht Zeit.
Die Frau Meier kauft zum Flirten
schon ihr elftes Party… -kleid.
Holahi, holaho, holahia, hia, hia, holaho!

So ein Einkauf, der macht Freude, so ein Einkauf, der ist schön.
Der Herr Schulze kauft trotz knapper
Haarpracht einen großen … Fön.
Holahi, holaho, holahia, hia, hia, holaho!

So ein Einkauf, der macht Freude, so ein Einkauf, der ist chic.
Die Frau Wagner kauft zum Häkeln
100 Rollen grünen … Strick.
Holahi, holaho, holahia, hia, hia, holaho!

(nach der Melodie von „Eine Seefahrt, die ist lustig", Volkslied)

TIPP: *Versuchen Sie gemeinsam mit den Senior*innen, weitere Strophen zu anderen lustigen Einkäufen zu dichten.*

Kesselrätsel

- Es gibt Wörter, die gleich klingen,
doch sind sie Namen von zwei Dingen.
Die eine ist ein Federvieh,
schon ausgenommen kauft man sie.
Im Frost hält sie auf Dauer.
Sie schmeckt ganz gut süß-sauer.
Manchmal ist sie noch komplett,
manchmal auch zerlegt im Set.
Die andere ist nicht zu fassen,
denn es ist Ihnen überlassen,
wenn Sie eine Meldung lesen,
ob es wirklich so gewesen.
Gibt es keine Argumente,
war's bestimmt nur eine …

Ente.

- Es gibt Wörter, die gleich klingen,
doch sind sie Namen von zwei Dingen.
Den einen kauft man in der Dose.
Am Fischstand gibt es ihn auch lose.
Er schwimmt zuhauf im weiten Meer.
Mariniert schmeckt er uns sehr.
Mancher legt ihn ein mit Salz.
Mancher brät ihn sich mit Schmalz.
Der andere ist hart und schmal,
aus Messing, Eisen oder Stahl.
Man muss ihn in die Erde rammen,
um die Zeltleine zu spannen.

✓ Hering

***TIPP**: Fragen Sie die Senior*innen, ob und wie sie Hering gern essen.*

- Es gibt Wörter, die gleich klingen,
doch sind sie Namen von zwei Dingen.
Den einen hat fast jede Frau.
Auch der Mann kennt ihn genau.
Meist liegt er im Portemonnaie.
Wenn ich dann zum Einkauf geh,
brauch ich ihn für einen Wagen,
denn sonst müsst ich alles tragen.
Der andere, der schmeckt sehr fein
zum Bier oder einem Glas Wein.
Beim Geschmack, da kann man wählen.
Ich würd Rosmarin empfehlen.
Ein anderer, der mag ihn nur
einfach, knusprig, schlicht und pur.

✓ Chip

Fisch: © DRogatnev – Shutterstock.com

Im Supermarkt

- Es gibt Wörter, die gleich klingen,
  doch sind sie Namen von zwei Dingen.
  Das eine Ding, das kann man sehen,
  wo Kunden zum Bezahlen stehen.
  Darauf legt man seine Waren,
  die ganz allein zur Kasse fahren.
  Die Kassiererin muss es verwalten,
  laufen lassen oder halten.
  Das andere, so würd ich denken,
  nimmt manch einer gern zum Schenken.
  Mit dem schmalen, langen Ding
  ich das Geschenk zur Geltung bring.

  Band

- Es gibt Wörter, die gleich klingen,
  doch sind sie Namen von zwei Dingen.
  Die eine liegt im Kühlregal.
  Sie ist rund und lang und schmal.
  Gemacht aus Rind- und Schweinefleisch,
  ist sie bissfest, aber weich.
  Mit Senf liegt sie in Ihrem Magen.
  Man kann auch „Brühwurst" zu ihr sagen.
  Den anderen, auch aus Fleisch,
  gibt es nur in Österreich.
  Es wäre allerdings vermessen,
  wollte man auch diesen essen.
  In der Hauptstadt lebt der Mann,
  wo er die Mundart pflegen kann.

  Wiener

***TIPP**: Fragen Sie die Senior*innen, ob sie andere Bezeichnungen für die Wiener kennen und in welchen Regionen diese Begriffe verwendet werden, z. B. Saiten (Schwaben), Wienerli (Schweiz), Frankfurter (Österreich).*

Ratereimgeschichten

HINWEIS: *Lassen Sie beim Vorlesen die gekennzeichneten Reimwörter weg. Bitten Sie die Senior*innen, die fehlenden Wörter zu ergänzen.*

Gesund und bunt

Im Supermarkt kann man es kaufen.
Zu vielen Ständen muss man … laufen.
Gemüse, das ist frisch und bunt.
Doch nicht nur das, es ist … gesund.
Und die Auswahl, die ist groß.
Da steh ich nun und frag mich … bloß:
Worauf hab ich heut Appetit?
Überall, wohin man … sieht,
liegt Gemüse allerlei.
Was ist denn heut für mich … dabei?
Schön orange, man staun und höre,
ist die kleine, harte … Möhre.
Grün, das weiß doch jeder Schurke,
ist die lange, schlanke … Gurke.
Auf der Erde wächst er wohl,
der große, weiße Blumen… -kohl.
Gesät wird es vom fleißgen Lieschen,
rot und weiß ist das … Radieschen.
Grün, gelb, rot ich sie schon sah,
die knackig frische … Paprika.
Gemüse, frisch und sehr gesund,
hätt ich jetzt gern in meinem … Mund.

Ich bin der Verkäufer heute

Ich bin der Verkäufer heute,
da kommen schon die ersten ... Leute.
Sieben Uhr, nun wird es Zeit,
alle Waren stehn ... bereit.
Ich schließe schnell die Türe auf.
Ein Arbeitstag nimmt seinen ... Lauf.
Dann flitze ich zu meiner Kasse,
vergesse nicht die Kaffee... -tasse.
Dort erleb ich tolle Sachen,
darüber werden Sie gleich ... lachen.
Denn ein bisschen Spaß muss sein,
für Sie, für mich, für Groß und ... Klein.
Der Herr Obermeier
kauft sechs braune ... Eier.
Die Frau Allesgucker
kauft eine Packung ... Zucker.
Der Herr Gurkenschäl
kauft eine Tüte ... Mehl.
Die Frau Niederknilch
kauft einen Liter ... Milch.
Und der Herr von Futter
kauft ein Stückchen ... Butter.
Dann laufen alle heim,
fall'n in ein Loch hi... -nein
und auf einmal kroch
ein Kuchen aus dem ... Loch.

TIPP: *Fragen Sie die Senior*innen nach einer lustigen, schönen oder empörenden Begebenheit, die sie im Supermarkt erlebt haben.*

Musik

Rätseln, raten, reimen ist gut für Alt und Jung.
Es bringt die grauen Zellen wunderbar in Schwung.
Drum aufgepasst und mitgemacht, denn auf den nächsten Seiten
wird ein bestimmtes Thema den Rätselspaß begleiten.

Manchmal rührt sie uns zu Tränen,
manchmal muss man bei ihr gähnen.
Würde es sie gar nicht geben,
wär's ziemlich öde, unser Leben.
Niemand könnte dann noch singen.
Kein Instrument würd je erklingen.
Und das Tanzen, egal wie,
wäre sinnlos ohne sie.

✓ Musik

Klavier, Gitarre und Bass: © Aliaksei_Z – Shutterstock.com

Rätselreime

- Man gibt sie ab, wenn man wählt.
  Man hebt sie an, wenn man erzählt.
  Man kann sie auch verstellen
  in manch heiklen Fällen.
  Man lässt sie klingen, wenn man singt,
  das Publikum vor Freude springt.

  Stimme

- Ob Sie's glauben oder nicht,
  sie ist ein wahres Schwergewicht,
  manchmal größer als ein Mann,
  der trotzdem auf ihr spielen kann.
  Sie hat Saiten, straff gespannt.
  Himmlisch wird ihr Klang genannt.
  Selbst die Engel spielen sie
  mit Hingabe und Fantasie.

  Harfe

- Sie hat einen Kopf, aber kein Gesicht.
  Auch Arme oder Beine hat sie leider nicht.
  Will man sie lesen und verstehen,
  muss man nach dem Schlüssel sehen.
  Sie steht auf einem Extrablatt,
  das jeder Sänger vor sich hat.

  Note

- Menschen, die gern Lieder singen,
  lassen ihre Stimmen klingen.
  Er ist ein musischer Verein
  in Kirche, Schule oder Heim.
  Egal ob man gut singen kann,
  dort merkt es nicht gleich jedermann.

  Chor

- Es ist ein Instrument,
das ein jeder kennt.
Es ist ein recht kompakter Kasten.
An einer Seite sind die Tasten.
Man hängt es vor die Brust.
Der Seemann spielt's mit Lust.
Zum Volksfest hört man es erklingen,
Stimmungslieder dazu singen.

Akkordeon

***TIPP**: Fordern Sie die Senior*innen zu einer Schätzrunde auf: Wann wurde das erste Akkordeon gebaut und zum Patent angemeldet? (im Jahre 1829)*

- Auch wenn es gar nicht heiß,
läuft ihm zuweil der Schweiß.
Er kämpft an seinem Pult sich ab
mit einem dünnen, langen Stab.
Er hält den Taktstock in der Hand,
dem Orchester zugewandt.
Wann ist wer mit Spielen dran,
der Leiter zeigt es allen an.

Dirigent

- Der Musiker, der es bespielt,
baut es zusammen, ganz gezielt.
Er benutzt verschiedne Becken,
die in Halterungen stecken.
Trommeln braucht er, groß und klein.
Eine Sitzgelegenheit muss sein.
Mit Stöcken spielt er's Instrument
meist im Hintergrund der Band.
Von seinem Klang wird jeder wach.
Manche meinen: Das ist nur Krach.

Schlagzeug

Rätsellied

HINWEIS: *Lassen Sie beim Vorsingen die Lösungswörter weg und bitten Sie die Senior*innen, die fehlenden Wörter zu ergänzen.*
Stellen Sie beim Vortragen des Liedes die Instrumente pantomimisch dar.

Ich bin ein Musikante

Ich bin ein Musikante
und komm aus Schwabenland.
Wir sind die Musikanten
und komm'n aus Schwabenland.
Ich kann auch spielen auf meiner … ✓ Geige.
Wir können spielen auf unsrer Geige:
simsimserim, simsimserim,
simsimserim, simsimserim, sim-sim.

Ich bin ein Musikante
und komm aus Schwabenland.
Wir sind die Musikanten
und komm'n aus Schwabenland.
Ich kann auch blasen auf der … ✓ Trompete.
Wir können blasen auf der Trompete:
tengtengtereng, tengtengtereng,
tengtengtereng, tengtengtereng, teng-teng.

Ich bin ein Musikante
und komm aus Schwabenland.
Wir sind die Musikanten
und komm'n aus Schwabenland.
Ich kann auch schlagen die große … ✓ Trommel.

Wir können schlagen die große Trommel:
pumpumperum, pumpumperum,
pumpumperum, pumpumperum, pum-pum.

Ich bin ein Musikante
und komm aus Schwabenland.
Wir sind die Musikanten
und komm'n aus Schwabenland.
Ich kann auch spielen die kleine …
Wir können spielen die kleine Flöte:
tü tü tü tü, tü tü tü tü,
tü tü tü tü, tü tü tü tü, tü-tü.

Flöte.

(Melodie und Text: volkstümlich)

***TIPP**: Denken Sie sich gemeinsam mit den Senior*innen neue Strophen mit anderen Musikinstrumenten aus, z. B. zupfen – Harfe, spielen – Klavier, blasen – Posaune …*

Kesselrätsel

Es gibt Wörter, die gleich klingen,
doch sind sie Namen von zwei Dingen.
Das eine ist ein Instrument,
welches auch der Jäger kennt.
Zum Blasen muss man kräftig pusten,
wichtig dabei: ja nicht husten.
Das andere wird nicht gemacht.
Die Natur hat es vollbracht.
Es wächst bei Ziegen und bei Rindern
und wenn sie bocken, auch bei Kindern.

Horn

Trommel: © Aliaksei_Z – Shutterstock.com

Musik

- Es gibt Wörter, die gleich klingen,
doch sind sie Namen von zwei Dingen.
Der eine ist stets unsichtbar.
Die Ohren nehmen diesen wahr.
Laut und leise man ihn kennt,
erzeugt von einem Instrument.
Auch die Stimme kann ihn machen,
ganz neutral oder zum Lachen.
Den anderen, den kann man fassen,
trocknen oder brennen lassen.
Der Töpfer braucht ihn unbedingt,
damit die Ware gut gelingt.

  Ton

- Es gibt Wörter, die gleich klingen,
doch sind sie Namen von zwei Dingen.
Der eine darf sich nur so nennen,
wenn möglichst viele ihn auch kennen.
Ob in Musik, Film oder Tanz,
sein Name strahlt in diesem Glanz.
Wenn die Fans ihn dann bestürmen,
kann es sein, er muss mal türmen.
Der andere macht sich nie rar
in der bunten Vogelschar.
In seinem schwarzen Federkleid
singt er gern zur Morgenzeit,
trällert seine Melodie,
eine kleine Symphonie.

  Star

TIPP: *Fragen Sie die Senior*innen nach den Stars und Idolen ihrer Jugendzeit oder der heutigen Zeit.*

- Es gibt Wörter, die gleich klingen,
doch sind sie Namen von zwei Dingen.
Der eine ist massiv und schwer,
allein beweg ich ihn nicht mehr.
Nur die Tasten, schwarz und weiß,
bewegen sich auf mein Geheiß.
Dann hör ich ein Musikstück klingen,
dazu könnte ich auch singen.
Den anderen schuf die Natur.
Zum Fliegen braucht man diesen nur.
Zwei Stück, mit Federn groß und klein,
sollten an dem Tier schon sein.

✓ Flügel

- Es gibt Wörter, die gleich klingen,
doch sind sie Namen von zwei Dingen.
Den einen muss der Sänger kennen.
Man könnte ihn auch Muster nennen.
Ob Gitarrist, ob Komponisten,
jeder muss sich nach ihm richten.
Er zählt die Schläge und die Zeiten.
Von ihm lassen sich alle leiten.
Wenn ein Tänzer ihn nicht hört,
das manche Dame sehr verstört.
Den anderen hat leider nicht jeder.
Manch einer lernt's nie, andere später.
Dann denken die Leute, ob jung oder alt,
ein Benehmen wie die Axt im Wald.

✓ Takt

TIPP: *Nutzen Sie das Lösungswort und bilden Sie gemeinsam eine Wortkette, z. B. Taktstock – Stockwerk – Werkzeug …*

Ratereimgeschichten

HINWEIS: *Lassen Sie beim Vorlesen die gekennzeichneten Reimwörter weg. Bitten Sie die Senior*innen, die fehlenden Wörter zu ergänzen.*

Nur ein Traum?

Eines nachts in der Stadt Hagen
hat sich etwas zuge... -tragen,
das so unwahrscheinlich klingt,
und doch sage ich: „Es ... stimmt!"
Ich ging von einer Party heim,
es leuchtete der Monden... -schein,
als ich plötzlich etwas hörte,
was die dunkle Stille ... störte.
Aus einem Laden, dicht vor mir,
klangen Töne vom ... Klavier.
Als ich vor der Türe stand,
ging sie auf von Geister... -hand.
Zögernd trat ich in den Raum.
Das Licht ging an, man glaubt es ... kaum.
Niemand konnte ich erspähen,
nur Instrumente war'n zu ... sehen.
Das Klavier spielte allein,
die Klarinette stimmte ... ein.
Ein Kontrabass, ganz still und leise,
drehte sich vor mir im ... Kreise.
Die Mandoline zupfte Saiten,
das Horn kam, um sie zu be... -gleiten.
Von der Wand sprang die Posaune,
alle hatten prima ... Laune.

Ich konnte auch nicht widerstehen,
musste mich im Takte ... drehen.
Bis ein Blitz vom Himmel krachte
und dem Spuk ein Ende ... machte.
Wie erstarrt stand ich am Fleck.
Alles war auf einmal ... weg.
Mein Bett stand plötzlich in dem Raum.
War das alles nur ein ... Traum?

Musik verbindet

Herr Köhler ist ganz aufgeregt,
heut ist es so weit.
Kisten, Koffer sind gepackt,
die Helfer stehn ... bereit.
Zu groß war ihm sein Reihenhaus,
zu einsam und zu leer,
und darum fällt der Abschied
Herrn Köhler gar nicht ... schwer.
Er freut sich auf sein neues Heim,
auf das betreute Wohnen.
Dort wird dann für ihn mitgedacht.
Er kann die Nerven ... schonen.
Worauf er sich am meisten freut?
Na, das ist doch ganz klar:
auf Gesellschaft und das Singen,
das war ziemlich ... rar.
Schon immer sang Herr Köhler
sehr gern im Verein,
doch in den letzten Jahren
immer nur ... allein.
In seiner neuen Bleibe

gefällt es ihm sehr gut.
Er lernt die ersten Mieter kennen
und fasst neuen … Mut.
Er unterhält sich angeregt,
hält offen Aug und Ohr
und beschließt nach kurzer Zeit:
„Ich gründe einen … Chor."
Er startet einen Aufruf,
schreibt diesen äußerst nett
und hängt, für alle sichtbar,
ihn ans Schwarze … Brett.
Schließlich ist der Tag gekommen.
Er betritt den Raum.
Nur zwei Leute sitzen dort.
Herr Köhler glaubt es … kaum.
Nun ja, es ist ein Anfang.
Ein Chor ist das noch nicht.
Doch wie er immer sagt:
„Am Ende ist das … Licht."
Genau nach einer Woche,
sie treffen sich erneut,
sind sieben neue Sänger da.
Herr Köhler ist er… -freut.
Und so geht es weiter.
Kein Platz bleibt schließlich leer.
Ein Chorleiter zu sein,
das gefällt ihm … sehr.
Alle haben Spaß und Freude
und wie jeder findet:
Singen hebt die Stimmung
und Musik ver… -bindet.

Sport

Rätseln, raten, reimen ist gut für Alt und Jung.
Es bringt die grauen Zellen wunderbar in Schwung.
Drum aufgepasst und mitgemacht, denn auf den nächsten Seiten
wird ein bestimmtes Thema den Rätselspaß begleiten.

Man kann ihn lieben oder hassen,
man kann ihn treiben oder es lassen.
Der Möglichkeiten gibt es viele,
wie zum Beispiel Mannschaftsspiele.
Genauso gut kann man allein
aktiv und sehr beweglich sein.
Manche schimpfen, er sei Mord,
andre meinen: gesund sei …

Sport.

Rätselreime

- Will man diesen Sport erleben,
muss man fit sein und sich regen.
Ein paar Dinge braucht es dann,
dass der Sport gelingen kann:
erstens Wasser, möglichst still,
Kraft, wenn man recht schnell sein will,
ein Paddel, blau oder auch rot,
und von Vorteil wär ein Boot.

✓ Rudern

- Aus Hartgummi werd ich gegossen,
am liebsten auf ein Tor geschossen.
Ich sehe aus wie eine Scheibe,
ein Zoll dick, so ist mein Leibe.
Auf dem Eis gefällt's mir sehr.
Dort schlittere ich hin und her.
Mit dem Schläger führt man mich,
denn völlig willenlos bin ich.

✓ Puck

- Diesen Sport treibt man im Winter.
Ihn lieben nicht nur alle Kinder.
Man zieht spezielle Schuhe an.
Kufen sieht man unten dran.
Damit fährt man übers Eis,
gerade Strecken und im Kreis.
Der Anfänger, 's ist leider so,
fällt auch mal auf den Popo.
Doch wenn es dann gelingt,
man Kunststücke vollbringt.

✓ Schlittschuhlauf

- Als Spiel kennt man's in jedem Ort.
  Inzwischen ist es auch ein Sport.
  Präzision ist angesagt,
  eine ruhige Hand gefragt.
  Es zu spielen, braucht's nicht viel.
  Eine Scheibe ist das Ziel.
  Drei Pfeile zum Gewinnen,
  schon kann das Spiel beginnen.
  Noch ein Tipp für gutes Zielen:
  Dabei sollte man nicht schielen.

  ✓ Dart

- Es ist ein eleganter Sport,
  zu machen nur an einem Ort.
  Ein tiefes Wasser muss es geben
  und ein Turm muss sich erheben.
  Vom Sprungbrett geht es los.
  Die Saltos sind famos.
  Schrauben werden auch gemacht,
  wahre Kunststücke vollbracht.
  Ein Bauchklatscher wird schlecht benotet.
  Auch die Arschbombe nicht votet.

  ✓ Turmspringen/Wasserspringen

- Eine Platte und ein Netz,
  mit zwei Spielern wird's besetzt.
  Einen kleinen, leichten Ball,
  zwei Schläger braucht's auf jeden Fall,
  Schnelligkeit und flinke Augen,
  eine Rückhand kann gut taugen.
  Chinesisch würde man es nennen,
  wenn viele um die Platte rennen.

  ✓ Tischtennis

Tischtennisschläger: © ONYXprj – Shutterstock.com

Rätsellied

HINWEIS: *Lassen Sie beim Vorsingen die Lösungswörter weg und ersetzen Sie diese durch Klatschen im Takt. Die Senior*innen versuchen, die fehlenden Wörter zu ergänzen.*

Alle Fußballspieler

Alle Fußballspieler stehn in Reih und Glied,
stehn in Reih und Glied.
Einer steht verkehrt rum
und singt das falsche … ✓ Lied.

Alle Fußballspieler trippeln nah am Rand,
trippeln nah am Rand.
Einer träumt gewaltig
und läuft gegen die … ✓ Wand.

Alle Fußballspieler kicken hin und her,
kicken hin und her.
Einen sticht 'ne Biene,
tanzt nun wie ein … ✓ Bär.

Alle Fußballspieler stürmen übers Feld,
stürmen übers Feld.
Einer zählt die Wolken,
der wird nicht der … ✓ Held.

Alle Fußballspieler köpfen mit dem Ball,
köpfen mit dem Ball.
Einer macht 'nen Salto,
kommt dabei zu … ✓ Fall.

Alle Fußballspieler schießen volles Rohr,
schießen volles Rohr.
Einer schläft gemütlich,
das ist der Mann im ... Tor.

Der letzte Fußballspieler läuft nun kreuz und quer,
läuft nun kreuz und quer
über seinen Rasen,
sieht keinen Spieler ... mehr.

Das Lied ist nun zu Ende, gesungen mit viel Herz,
gesungen mit viel Herz
und Sie wissen sicher,
das war doch nur ein ... Scherz.

(nach der Melodie von „Alle meine Entchen", volkstümlich)

***TIPP**: Sind in der Rätselrunde fußballbegeisterte Senior*innen dabei, nutzen Sie das Lied für ein anschließendes Gespräch. Fragen Sie die Senior*innen z. B.:*

- *Haben Sie aktiv in einem Fußballverein gespielt? Wie hieß er?*
- *Sind Sie Fan eines Fußballvereins? Von welchem?*
- *Kennen Sie Namen bekannter Fußballspieler*innen?*
- *Wer war/ist Ihr*e Lieblingsspieler*in?*

Kesselrätsel

- Es gibt Wörter, die gleich klingen,
  doch sind sie Namen von zwei Dingen.
  Das eine Spiel hat Tradition.
  Seit vielen Jahren spielt man's schon.
  Dazu braucht man einen Ball,
  klein und schwer auf jeden Fall,
  Rasen, Schläger und ein Loch,
  Hauptsache, man trifft dann noch.
  Den anderen, von Mexiko,
  gibt es auch noch anderswo.
  Eine Bucht wird so genannt
  und als Name folgt das Land.

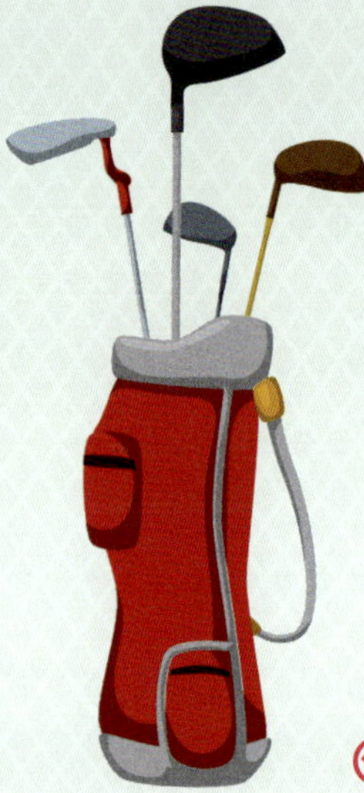

Golf

TIPP: *Fragen Sie die Senior*innen, ob ein*e Golfspieler*in unter ihnen ist und welches Handicap er*sie erreicht hat.*

- Es gibt Wörter, die gleich klingen,
  doch sind sie Namen von zwei Dingen.
  Den einen finden Sie beim Schwimmen.
  Die Arme müssen kräftig schwingen.
  Bei diesem Schwimmstil braucht man Kraft,
  weil man sonst die Bahn nicht schafft.
  Der andere ist ein Insekt,
  dem der Nektar prima schmeckt,
  flattert hin und flattert her,
  mit Flügeln, groß, aber nicht schwer.
  Für kurze Zeit, so sagt man auch,
  haben Verliebte sie im Bauch.

Schmetterling

- Es gibt Wörter, die gleich klingen,
doch sind sie Namen von zwei Dingen.
Er spielt innen oder außen.
Mit dem Fußball muss er laufen.
Ein Gegentor soll er verhindern
und die Gegnerchancen mindern.
Der Trainer einen Spieler nennt,
der diese Position gut kennt.
Der andere, ein kluger Mann,
auf jeden Fall gut reden kann.
Der Beklagte hat Wahl oder Pflicht,
ihn zu bestellen vor Gericht.
Macht er seine Arbeit schlecht,
wird es schwierig mit dem Recht.

Verteidiger

- Es gibt Wörter, die gleich klingen,
doch sind sie Namen von zwei Dingen.
Das eine ist ein derber Sport.
Zwei Gegner sind an einem Ort.
Mit Seilen ringsherum gespannt,
warten die Zuschauer gebannt,
wer im Zweikampf unterliegt
und wer nach vielen Runden siegt.
Die anderen in Reih und Glied
in einem Pferdestall man sieht.
Ein Pfleger holt die Pferde raus
und mistet alle einzeln aus.
Ist alles sauber, hat er Zeit
und stellt Stroh und Heu bereit.

Boxen

TIPP: *Fragen Sie die Senior*innen nach berühmten Boxer*innen, z. B. Muhammad Ali, Max Schmeling, Henry Maske, Regina Halmich.*

Ratereimgeschichten

*HINWEIS: Lassen Sie beim Vorlesen die gekennzeichneten Reimwörter weg. Bitten Sie die Senior*innen, die fehlenden Wörter zu ergänzen.*

Ein Sportfest für Groß und Klein

Sportfest im Seniorenheim,
das ist was für Groß und … ✓ Klein.
Oma, Opa, Enkelkind,
alle beieinander … ✓ sind.
Treffen sich im Park vorm Haus,
den Wettkampf tragen sie dort … ✓ aus.
Dort geht's nicht um hoch, schnell, weit,
dort geht's um die Heiter… ✓ -keit.
Oskar kann es kaum erwarten,
gleich wird der erste Wettkampf … ✓ starten.
Alle andern sich schnell ducken.
Es beginnt das Kirschkern… ✓ -spucken.
Oskar schafft es fast ins Ziel.
Zum ersten Platz, da fehlt nicht … ✓ viel.
Beim zweiten Mal es ihm gelingt,
was ihm den Siegertitel … ✓ bringt.
Das nächste Spiel beginnen kann.
Mikado-Weitwurf ist nun … ✓ dran.
Mit seinem Enkel an der Hand
stellt Oskar sich ans Absperr… ✓ -band.
Diesmal gewinnt der kleine Mann,
der geschickter werfen … ✓ kann.
Schon beim nächsten Kräftemessen
die Niederlage ist ver… ✓ -gessen.

Beim Eierlauf für Klein und Groß
heißt's: „Auf die Plätze, fertig, … los!“
Oskar macht das einwandfrei.
Er balanciert geschickt sein … Ei.
Dem Enkel fällt es mehrmals runter,
trotzdem bleibt er froh und … munter.
Das letzte Spiel auch schon beginnt,
wie die Zeit im Flug ver… -rinnt.
Oskar hat nun schlechte Karten,
denn das Sackhüpfen soll … starten.
Ist er auch nicht mehr so fit,
Oskar macht den Spaß auch … mit.
Sein Enkel hüpft ihm schnell voraus.
Oskar geht die Puste … aus.
So gewinnt mal Groß, mal Klein
und genauso soll es … sein.
Die Freude steht im Mittelpunkt
und Bewegung hält … gesund.

Der Muskelkater

Der Chef hält einen Blumenstrauß
und reicht ihr seine Hand:
„Nun, meine liebe Hannelore,
geht's in den Ruhe… -stand!“
Ihre Augen werden feucht.
Wo sind die Jahre hin?
Doch es überwiegt die Freude
und ihr kommt in den … Sinn:
„Jetzt kann ich machen, was ich will,
hab Freizeit immerfort

und für mein gutes Wohlbefinden
fang ich an mit … Sport.“
Da ihr Mann gern Fahrrad fährt,
versuchen sie's zu zweit.
Sie machen eine große Tour,
doch bald schon tut's ihr … leid.
Hannelore kann nicht mehr,
ihr Hintern ist ganz taub.
Die Beine sind unendlich schwer
und sie schmeckt nur noch … Staub.
Am nächsten Tag wird Hannelore
ziemlich spät erst munter.
Sie schleppt sich mit viel „Au“ und „Ah“
die Treppen mühsam … runter.
„Man sollte es nicht übertreiben“,
stellt sie kleinlaut fest.
„Sport ist wirklich nur gesund,
wenn man's ruhig angehn … lässt.“
Am Nachmittag, da kommt ihr Sohn
mit Klein-Marie vorbei.
Das ist immer eine Freud.
Marie zählt grad mal … drei.
Hannelore stöhnt erneut,
am Tisch sich alle laben:
„Einen Muskelkater habe ich.
Will ihn jemand … haben?“
„Papa, Papa“, ruft Marie,
„darf ich die Katze kriegen?
Und Muskeln hat sie auch noch dran,
kann jeden Hund be… -siegen.“

Tanz

Rätseln, raten, reimen ist gut für Alt und Jung.
Es bringt die grauen Zellen wunderbar in Schwung.
Drum aufgepasst und mitgemacht, denn auf den nächsten Seiten
wird ein bestimmtes Thema den Rätselspaß begleiten.

Er dient zu ganz verschiednen Zwecken,
ist gut für Beine, Po und Becken.
Er ist Kunst, Sport oder Brauch,
zur Therapie nutzt man ihn auch.
Für manchen ist er Zeitvertreib
oder Beruf mit Seel und Leib.
Es gehört noch mehr dazu
als nur ein Paar rote Schuh.

Tanz

Senior*innen: © Aleutie – stock.adobe.com

Rätselreime

- Ein Schauspieler sein Drehbuch hat,
  die Sängerin ein Notenblatt.
  Doch wo genau steht aufgeschrieben,
  wie Tänzer sich im Takte wiegen,
  wann sie springen oder gleiten,
  wo entlang die Bühne schreiten?

  ✓ Choreografie

- Ich kenne einen lauten Ort.
  Die Jugend trifft sich häufig dort.
  Da wird getrunken, getanzt und gelacht
  und so manche Bekanntschaft gemacht.
  Will man reden, muss man schrein.
  Die Jugend findet's trotzdem fein.

  ✓ Diskothek/Club

- Nur für die Tänzerin ist es gedacht.
  Aus zartem Tüll wird es gemacht.
  Sie zieht das kurze Röckchen an,
  dass sie sich frei bewegen kann.
  Auch Männer sah ich schon damit,
  doch das war leider nicht der Hit.

  ✓ Tutu

- Wer sich beim Ballett auskennt,
  weiß, wie dieses Stück man nennt.
  Tschaikowsky hat es aufgeschrieben.
  Freunde des Balletts es lieben.
  Vier kleine Schwäne, in Reih und Glied,
  als Parodie man öfters sieht.

  ✓ Schwanensee

- Er wird getanzt seit langer Zeit,
besonders chic im Abendkleid.
Geschlossne Haltung, das ist Fakt,
weiter im Dreivierteltakt,
Schrittfolge genau bemessen
und das Lächeln nicht vergessen.
Auf der Donau tanzt sich's schlecht,
Johann Strauss wäre es recht.

Walzer

- Dieser Tanz sieht seltsam aus.
Man macht sich einen Gaudi draus.
Die Arme flattern hoch und runter.
Der Popo wackelt auch ganz munter.
Dazu passt ein Gläschen Wein,
denn nüchtern sollte man nicht sein.
Ihn zu tanzen, ist nicht schwer.
Auch Frank Zander mag ihn sehr.
Nach einem Federvieh benannt,
ist er in Deutschland sehr bekannt.

Ententanz

- Ganz modern bei jungen Paaren
kam er in den 60er-Jahren.
Ein Modetanz, nicht nur beliebt,
weil anstößig ihn mancher sieht.
Hüften kreisen, vor, zurück,
das war zu viel für manchen Blick.
Als Chubby Checker sang sein Lied,
wurde er weltweit beliebt.
Alle fanden ihn ganz toll,
getanzt zu Blues und Rock 'n' Roll.

Twist

Rätsellied

HINWEIS: *Lassen Sie beim Vorsingen die Lösungswörter weg und ersetzen Sie diese durch Klatschen im Takt. Die Senior*innen versuchen, die fehlenden Wörter zu ergänzen.*

Schöne Dame, tanz mit mir

Schöne Dame, tanz mit mir
und mein Herz, das schenk ich dir,
auch ein Haus, Geld in bar
und ich führ dich zum … ✓ Altar.

Ja, mein Herr, ich tanz mit dir
und ich überleg es mir,
hab kein Haus, Geld ist rar,
Hochzeit find ich … ✓ wunderbar.

Schöne Dame, kann es sein,
dass du willst mein Geld allein?
Oh welch Gram, oh welch Schmerz,
schenkst du mir denn nicht dein … ✓ Herz?

Nein, mein Herr, da fällt mir ein,
muss um zehn zu Hause sein,
denn dann kommt irgendwann
von der Arbeit heim mein … ✓ Mann.

(nach der Melodie von „Brüderchen, komm tanz mit mir", Volksweise aus Thüringen, um 1800)

Kesselrätsel

- Es gibt Wörter, die gleich klingen,
doch sind sie Namen von zwei Dingen.
Das eine wird meist gut gepflegt
und auf dem Fußboden verlegt.
Aus Holz wird es zumeist gemacht,
an Muster wird dabei gedacht.
Tanzen kann man darauf toll,
wenn es nicht ist gar zu voll.
Das andere hat viele Plätze,
über hundert, wie ich schätze.
Will man vor der Bühne sitzen,
muss man genau dahin flitzen.

Parkett

- Es gibt Wörter, die gleich klingen,
doch sind sie Namen von zwei Dingen.
Die eine zeigt ein Tänzerpaar.
Geübt wird sie das ganze Jahr.
Viele gibt es in der Tat,
jede einen Namen hat.
Sie gibt vor, wie man sich dreht,
wie man wo zum Partner steht,
welche Schritte man wann macht.
Alles ist genau durchdacht.
Die andere ist eine Form.
Nicht immer liegt sie in der Norm.
Für Frauen ist sie oft Problem,
wenn sie sich im Spiegel sehn.
Männer nehmen's sportlich leicht,
wenn's Idealmaß nicht erreicht.

Figur

Tanz

- Es gibt Wörter, die gleich klingen,
  doch sind sie Namen von zwei Dingen.
  Der eine ist ein großes Fest.
  Die Prominenz sich sehen lässt.
  Mit Fliege, Frack und Abendkleid
  die Gäste sind zum Tanz bereit.
  Den anderen, den kennt doch jeder,
  aus Gummi, Kunststoff oder Leder.
  Mal groß, mal klein, mal leicht, mal schwer,
  nicht nur die Kinder mögen ihn sehr,
  manchmal schlicht und manchmal bunt,
  doch in jedem Falle rund.

  Ball

TIPP: *Fordern Sie die Senior*innen auf, passende Reimwörter zu dem Lösungswort zu finden, z. B. Fall, Hall, Wall …*

- Es gibt Wörter, die gleich klingen,
  doch sind sie Namen von zwei Dingen.
  Das eine ist äußerst speziell.
  Man erlernt es nicht sehr schnell.
  Damit der Tanz schön klingen kann,
  sind Platten an den Schuhen dran.
  Marika Rökk konnt es sehr gut.
  Fred Astaire tat es mit Hut.
  Das andere macht die Maschine,
  die ich mit der Hand bediene.
  Elektrische gibt es jetzt auch,
  dazu einen Fuß ich brauch.
  Verbind ich Stoffe, groß und klein,
  setz ich diese Technik ein.

  steppen

Ratereimgeschichten

*HINWEIS: Lassen Sie beim Vorlesen die gekennzeichneten Reimwörter weg. Bitten Sie die Senior*innen, die fehlenden Wörter zu ergänzen.*

Ein galanter Mann

Herr Frohmann lebt schon lang allein,
für ihn kein Grund zum Traurig... -sein.
Die Enkel kommen ihn besuchen,
dann backt er die schönsten ... Kuchen.
Montags fährt er mit dem Rad
durch die Stadt ins Hallen... -bad.
Dienstags trinkt er stets mit Marte
sein Bierchen in der Garten... -sparte.
Mittwochs, wenn es ihm behagt,
macht er einen Wander... -tag.
Donnerstag trifft er Herrn Tach
stets zu einer Partie ... Schach.
Freitags ist die Wohnung dran,
bringt sie flott auf Vorder... -mann.
Es fehlt ihm nur ein kleines Stück
für das ganz perfekte ... Glück.
Herr Frohmann liebt das Tanzen sehr,
doch ohne Partnerin wird's ... schwer.
Gern würde er zum Schlager singen
und dabei das Tanzbein ... schwingen.
Er meint: „Da hilft mir kein Verzagen.
Ich muss einfach etwas ... wagen."
Am nächsten Tag zur Mittagszeit
kommt schon die Gelegen... -heit.

Tanz

Im Eiscafé von Bella Ritzen
sieht er seine Traumfrau ... sitzen.
Herr Frohmann schaut ihr ins Gesicht
und mit Höflichkeit er ... spricht:
„Werte Dame, darf ich's wagen
und nach einem Tänzchen ... fragen?"
Überrascht schaut sie ihn an
und denkt: „Oh ja, ein netter ... Mann."
Sie steht auf, reicht ihm die Hand,
sagt: „Das ist ja sehr ga... -lant.
Wäre es heut Abend recht?
Hier fehlt Musik, das geht ja ... schlecht."
Herr Frohmann freut sich ungemein
und strahlt wie hellster Sonnen... -schein.
Das lief doch besser als gedacht.
Das hat Herr Frohmann gut ... gemacht.
Und vielleicht in ein, zwei Jahren
von einer Hochzeit wir er... -fahren.

***TIPP**: Die Ratereimgeschichte eignet sich gut für eine anschließende Gesprächsrunde zum Thema Tanz. Fragen Sie die Senior*innen z. B.:*

- *Welchen Tanz mögen Sie am liebsten?*
- *Sehen Sie sich gern Tanzveranstaltungen im Fernsehen an? Welche?*
- *Wer war/ist aktive*r Tänzer*in in einer Tanzgruppe?*
- *Haben Sie eine Tanzschule besucht?*
- *Welche Musik wurde bei den Tanzveranstaltungen Ihrer Jugendzeit gespielt?*
- *Welcher Tanz war zu dieser Zeit modern?*
- *Wie war das mit der Damenwahl?*

Frau Schmidt, die flotte Tänzerin

Heute ist ein Feiertag im Heim für die Senioren,
denn vor 99 Jahren ist Frau Schmidt … — geboren.
Darum gibt sie heut ein Fest, nur zu ihren Ehren,
und möchte sich und anderen 'nen Tanzabend be… — -scheren.
Sie liebt das Tanzen sehr. Auch wenn es knirscht und knackt,
so hat sie doch noch immer das Tanzfieber ge… — -packt.
Nur selten kann sie stille sitzen, wippt bei jedem Ton.
Darüber staunt sogar zuweil ihr 80-jährger … — Sohn.
Am Nachmittag beginnt das Fest mit den ersten Gästen.
Es gibt Kuchen und Gebäck nur vom Aller… — -besten.
Und es werden immer mehr, nicht nur die Verwandten.
Alle wollen gratulieren, all ihre … — Bekannten.
Mit Blumen wird sie überhäuft, mit Wünschen und Geschenken.
Frau Schmidt ist wirklich ganz gerührt, dass alle an sie … — denken.
Selbst die Senioren aus dem Heim haben mitgedacht
und für das Geburtstagskind ein Ständchen mitge… — -bracht.
Frau Schmidt, der schwirrt schon bald der Kopf, all die vielen Leute.
Dabei war ihr größter Wunsch: Tanzen wollt sie … — heute.
Da kommt der allerletzte Gast. Der hat es wohl verpennt?
Nein, es ist ihr Enkelkind mit seiner Musik… — -band.
Die Jungs, so um die 50 Jahr, sie spiel'n zum Tanze auf.
Ihr Repertoire ist vielfältig. Sie haben alles … — drauf.
Schnell ist die Tanzfläche gefüllt. Musik dröhnt aus der Box.
Frau Schmidt ist mittendrin und tanzt zum Disco… — -fox.
Da kommt der Heimleiter zu ihr, der fröhliche Herr Mango,
und bittet um den nächsten Tanz, einen flotten … — Tango.
Er wirbelt sie übers Parkett. Die Gäste staunen nur.
Wie ein Tänzerprofipaar zeigen sie … — Figur.
Da kommt auch noch ihr Ururenkel, der 4-jährige Sepp.
Er will mit seiner Oma tanzen. Die Band spielt 'nen Quick… — -stepp.

Tanz

Ihre Schwiegertochter, aus Böhmen kommt die Jolka,
wünscht sich einen Volkstanz, eine bekannte … Polka.
Frau Schmidt gefällt die Vielfalt und sie tanzt alles mit.
Sie fühlt sich wie ein Mädchen: jung, gesund und … fit.
Dieses Fest gefällt ihr sehr. So war es geplant.
Dass die Stimmung super wird, wer hätte das ge… -ahnt?
Freude, Lachen, Heiterkeit sind überall zu sehn.
So könnte es von ihr aus noch lange weiter… -gehn.
Sie tanzt mit ihren Gästen bis in die Nacht hinein.
Punkt zwei fällt sie ins Bett und schläft dort wie ein … Stein.
Am nächsten Morgen wacht sie auf und lächelt vor sich hin
und ihr kommt ganz spontan ein Einfall in den … Sinn:
„Wenn ich hundert Jahre werd, lad ich das Fernsehn ein,
dann tanz ich für die ganze Welt. Genauso soll es … sein."

*__TIPP__: Vielleicht entwickelt sich nach dem Lesen dieser Ratereimgeschichte bei den Senior*innen der Wunsch nach einem Tanznachmittag allgemein oder zu einem ganz bestimmten Tanz. Organisieren Sie dazu die entsprechende Musik und überraschen Sie die Senior*innen an einem folgenden Tag.*

Kochen und Backen

Rätseln, raten, reimen ist gut für Alt und Jung.
Es bringt die grauen Zellen wunderbar in Schwung.
Drum aufgepasst und mitgemacht, denn auf den nächsten Seiten
wird ein bestimmtes Thema den Rätselspaß begleiten.

Jeder hat es schon getan,
selten, oft, kommt ganz drauf an.
Manch einer macht's mit Leidenschaft
und hat es zum Beruf gemacht.
Dazu braucht man Topf und Stürze,
wenn man will, auch eine Schürze.
Wasser ist nicht ganz verkehrt,
Lebensmittel und ein Herd.
Eins jedoch ist gar nicht gut,
macht man es vor lauter Wut.

Kochen

Rätselreime

- So ein Ding, das wird sich lohnen,
  denn es kann die Küche schonen,
  besonders Ihre Arbeitsplatte,
  die noch keinen Kratzer hatte.
  Diese sollten Sie vermeiden
  und Ihr Gemüse darauf schneiden.
  Wer's nicht benutzt, der ist ein Tropf
  und hat das Ding vor seinem Kopf.

Schneidebrett

- Wer mich zur Genüge hat,
  wird auch trocken von mir satt.
  Leider kommt dann auch der Durst,
  schmecke besser noch mit Wurst.
  Frisch und warm bin ich am besten,
  viele Sorten kann man testen.
  Doch in der allergrößten Not
  schmeckt sogar noch hartes …

Brot.

***TIPP**: Fordern Sie die Senior*innen zu einer Schätzrunde auf: Wie viele verschiedene Brotsorten gibt es in Deutschland? (ca. 3200)*

- Ich darf in keiner Küche fehlen.
  Beim Kochen kann man auf mich zählen.
  Ein Gerät bin ich, ganz schlicht,
  mit dem man Zutaten vermischt.
  Zu Schleifen werde ich gebogen
  und zu einem Griff gezogen.
  Manchmal werd ich auch verwendet
  für einen Prahlhans, der nur blendet.

Schaumschläger

- Sie hängt zuhauf an einem Baum,
  den findet man in Deutschland kaum.
  Sie braucht Wärme, Sonne, Licht,
  sonst gedeiht sie wirklich nicht.
  Sie hat eine gelbe Schale,
  wächst am Hange und im Tale.
  In ihr Fleisch beiß ich nicht rein,
  denn sie kann ziemlich sauer sein.
  Trotzdem möcht ich nicht verzichten,
  sie passt zu Tee und zu Gerichten.

  Zitrone

- Ich kann braun sein oder weiß.
  Mich isst man kalt oder auch heiß.
  Kochen, braten kann man mich,
  gemixt, gerührt, so schmecke ich.
  Roh verwendet man mich auch.
  Zu Ostern gibt es einen Brauch.
  Dann werde ich im Gras versteckt,
  von Kinderaugen schnell entdeckt.
  Ein Sprichwort fällt mir dazu ein:
  Ich will klüger als die Henne sein.

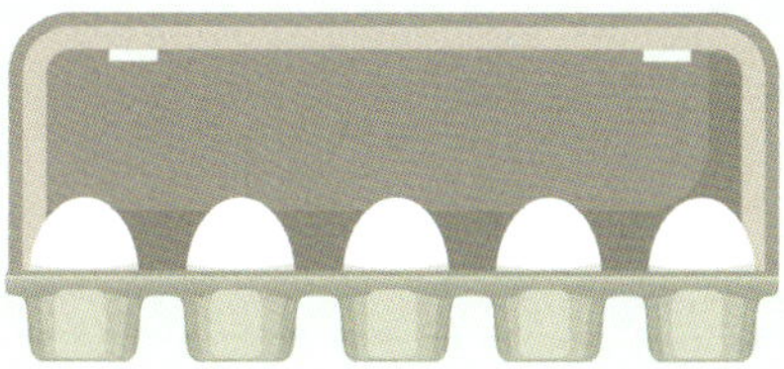

  Ei

- Ich bin groß und schwer.
  Wärme lieb ich sehr.
  Habe Knöpfe dran zum Drehen.
  Platten kann man auf mir sehen.
  Eine Röhre hab ich auch
  in meinem supergroßen Bauch.
  Ohne Strom geht gar nichts los.
  Nun raten Sie, wer bin ich bloß?

  Herd

Rätsellied

*HINWEIS: Lassen Sie beim Vorsingen die Lösungswörter weg und ersetzen Sie diese durch Klatschen im Takt. Die Senior*innen versuchen, die fehlenden Wörter zu ergänzen.*

Ich back mir einen Mann

Backe, backe Kuchen? Ich will's gar nicht versuchen.
Einen Mann will ich mir backen,
der muss kräftig mit an... -packen,
groß und schlau,
Augen ... blau,
soll mich stets auf Händen tragen.
Wer kann's Rezept mir ... sagen?

Backe, backe Kuchen? Ich will's gar nicht versuchen.
Eine Frau will ich mir backen,
lieb und nett und ohne ... Macken,
wunderschön,
anzu... -sehn.
Und das Herz am rechten Fleck.
Wo ist der Teig ver... -steckt?

(nach der Melodie von „Backe, backe Kuchen", Kinderreim aus Sachsen und Thüringen, vor 1840)

*TIPP: Fragen Sie die Senior*innen nach dem Rezept für ihre*n Traumpartner*in. Welche Eigenschaften und Äußerlichkeiten sollte er*sie haben? Gehen Sie hierbei sehr sensibel vor. Nur wenn Sie die Lebensgeschichten der Senior*innen gut kennen, sind diese Fragen angebracht.*

Kesselrätsel

- Es gibt Wörter, die gleich klingen,
doch sind sie Namen von zwei Dingen.
Der eine ist ein süßes Gebäck.
Konfitüre sich darin versteckt.
In siedend Fett wird er gebacken.
Manche nennen ihn auch Krapfen.
Der andere wohnt in der Stadt,
die einiges zu bieten hat.
Er kennt den Reichstag, Spree und Zoo.
Die U-Bahn nutzt er sowieso.

✓ Berliner

- Es gibt Wörter, die gleich klingen,
doch sind sie Namen von zwei Dingen.
Den einen gibt's im ganzen Land.
Im Süden ist das Wort bekannt.
Und es gibt auch viele Namen,
Semmel, Schrippe hört man sagen.
Beim Bäcker gibt's ihn immer frisch,
steht zum Frühstück auf dem Tisch.
Das andere macht ein Gerät,
das auf Ihrem Nachttisch steht.
Zu einer eingestellten Zeit
schrillt es und macht Sie bereit.
Schöner wär's, hab ich gedacht,
wenn ein Vögelein das macht.

✓ Wecken

***TIPP:** Fordern Sie die Senior*innen auf, passende Reimwörter zu dem Lösungswort zu finden, z. B. Zecken, Jecken, Becken, Decken …*

- Es gibt Wörter, die gleich klingen,
  doch sind sie Namen von zwei Dingen.
  Das eine ist aus Blätterteig.
  Es sich oft in Herzform zeigt.
  Der Bäcker macht es meist recht groß.
  Mit Schokolade schmeckt's famos.
  Das andere, das sehen wir
  an einem ganz bestimmten Tier.
  Zwei von diesen kleinen Teilen
  an dem rosa Kopf verweilen.
  Damit hört die Sau geschwind,
  wenn der Wirt das Futter bringt.

Schweineohr

***TIPP**: Nutzen Sie das Lösungswort und bilden Sie gemeinsam eine Wortkette, z. B. Schweineohr – Ohrmuschel – Muschelschale …*

- Es gibt Wörter, die gleich klingen,
  doch sind sie Namen von zwei Dingen.
  Den einen macht der Zuckerbäcker
  aus Weizenmehl ganz frisch und lecker.
  Er liegt ganz flach in Ihrer Hand,
  hell anzusehn, beinah wie Sand.
  Auf einer Seite Zuckerguss
  ist ein unbedingtes Muss.
  Der andere, voll Stolz es klingt,
  wenn er seine Hymne singt.
  Genau in 50 Bundesstaaten
  kann er seinen Wohnsitz haben.
  Er mag Baseball, Dollar, Burger, Fritten.
  Zur Präsidentenwahl wird stets gestritten.

Amerikaner

- Es gibt Wörter, die gleich klingen,
doch sind sie Namen von zwei Dingen.
Die einen muss man zuerst knacken.
Man kann sie essen, damit backen.
Sie wachsen nur an einem Baum,
der ist zur Blütezeit ein Traum.
Die Früchte sind ganz unscheinbar.
In kalten Landen sind sie rar.
Die anderen sind bestenfalls
in Ihrem und in meinem Hals.
Und wer sie schon verloren hat,
kann trotzdem schlucken und wird satt.

✓ Mandeln

- Es gibt Wörter, die gleich klingen,
doch sind sie Namen von zwei Dingen.
Der eine, süß und Kalorien pur,
schmeckt ganz einfach lecker nur.
Ein Hefeteig wird angerichtet,
Vanillecreme darauf geschichtet.
Auf dem Blech wird er gebacken.
Die Mandeln schneiden, ja nicht hacken!
Den anderen will man vermeiden.
Schmerz will keiner gern erleiden.
Wenn das Insekt sein Werk getan,
schwillt die Stelle meist schnell an.
Dann muss man kühlen, kühlen, kühlen,
um den Schmerz nicht mehr zu fühlen.

✓ Bienenstich

***TIPP**: Fragen Sie die Senior*innen nach ihrem Rezept für Bienenstich. Haben sie eine besondere Zutat, ein Geheimrezept?*

Ratereimgeschichten

***HINWEIS**: Lassen Sie beim Vorlesen die gekennzeichneten Reimwörter weg. Bitten Sie die Senior*innen, die fehlenden Wörter zu ergänzen.*

Eine ganz besondere Suppe

Heute woll'n wir Suppe kochen,
das hab ich Ihnen doch ver... -sprochen.
Etwas Neues soll es sein,
dazu trinken wir dann ... Wein.
Ein großer Topf steht schon bereit.
Das Wasser kocht nach kurzer ... Zeit.
Die Zutaten aus Schrank und Keller
liegen da auf einem ... Teller.
Und was kommt in den Topf hinein?
Zuallererst Gemüse... -klein,
dann ein langes Spinnen... -bein,
eine Prise Sonnen... -schein,
ein nicht zu großer Kiesel... -stein,
eine Tasse Mehrfrucht... -wein,
ein paar Algen aus dem ... Rhein.
Das war's erst einmal ganz in Kürze.
Nun fehlt noch etwas für die ... Würze.
Dazu brauchen wir nun auch
eine Stange grünen ... Lauch,
ein Stück vom fetten Schweine... -bauch,
drei Käsescheiben, dünn wie ein ... Hauch,
die Blüten vom Forsythien... -strauch
und eine Kelle Tabak... -rauch.
Nun wird das Ganze noch püriert,

mit Petersilie fein … garniert.
Fertig ist der Festtagsschmaus,
wie jeder riecht und sieht,
und ich wünsche allen
recht guten … Appetit!

Eine gelungene Überraschung

Der Waldemar stiert vor sich hin.
Er grübelt und er denkt,
was er wohl zum Hochzeitstag
seiner Liebsten … schenkt.
Schmuck mag sie nicht leiden.
Konfekt, das isst sie nicht.
Kosmetik hat sie massenhaft
für Körper und … Gesicht.
Reisen mag sie auch nicht gern.
Blumen stehn im Garten.
Mit welcher Überraschung
könnte er auf… -warten?
Da kommt ihm plötzlich die Idee:
„Ich backe einen Kuchen.
So schwer kann das ja wohl nicht sein.
Ich werde es ver… -suchen."
Im Laden um die Ecke
kauft er alles ein.
Voller Schwung und Tatendrang
geht er wieder … heim.
Der Waldemar schaut auf die Uhr.
Er hat genügend Zeit.
Auf dem großen Küchentisch
stellt er alles … bereit.

Pfeifend macht er sich ans Werk,
Rezept auf Seite drei.
Da kullert leis ein Ei vom Tisch,
schlägt auf und geht ent... -zwei.
„Nicht so schlimm“, denkt Waldemar,
„ein bisschen Schwund muss sein.“
Er schlägt die nächsten Eier auf,
kippt Mehl und Zucker ... rein.
Als alles in der Schüssel ist,
nimmt er das Rührgerät,
stellt's auf die höchste Stufe ein,
oh je, schon ist's zu ... spät.
Das weiße Mehl stiebt wirbelnd auf,
das Eigelb, ungehemmt,
klatscht auf sein nagelneues,
blütenweißes ... Hemd.
Die Schweinerei ist nun perfekt,
doch es kommt noch besser.
Als er den Mixer ausstell'n will,
schubst er vom Tisch das ... Messer.
Die Messerspitze, dünn und scharf,
sie landet punktgenau
auf Waldemars nacktem Fuß.
Der hüpft mit „Weh“ und ... „Au“.
Dabei stößt er ganz unbemerkt
die Rührschüssel vom Tische.
Der Teig spritzt durch den ganzen Raum.
Ein Schlachtfeld ist die ... Küche.
Da kommt seine Frau nach Haus,
hat Kuchen mitgebracht.
Die Überraschung ist gelungen,
doch anders als ge... -dacht.

Unterwegs in Deutschland

Rätseln, raten, reimen ist gut für Alt und Jung.
Es bringt die grauen Zellen wunderbar in Schwung.
Drum aufgepasst und mitgemacht, denn auf den nächsten Seiten
wird ein bestimmtes Thema den Rätselspaß begleiten.

Dieses Land muss man entdecken.
Es hat wunderschöne Ecken.
Nord- und Ostsee muss man nennen.
Das Alpenvorland sollt man kennen.
So wie tausend andre Orte,
dafür fehlen hier die Worte.
16 Bundesländer lassen sich bereisen,
Hessen, Sachsen, Bremen und wie sie alle heißen.
Überall gibt's was zu sehen.
Um welches Land soll es nun gehen?

✓ Deutschland

Rätselreime

- Diese Stadt ist sehr bekannt,
nicht nur wegen Willy Brandt.
Die Altstadt glänzt mit Insellage
und Gotik-Baustil, ohne Frage.
Die Stadtteile, teils lust'ge Namen,
woher diese wohl einst kamen?
Buntekuh sollte man kennen.
Kücknitz wäre auch zu nennen.
Marzipan wird hergestellt
und exportiert in alle Welt.
Wie heißt diese Hansestadt,
die so viel zu bieten hat?

Lübeck

- Ich kenne einen langen Damm,
der nicht vor Wasser schützen kann.
Er führt mich mitten durch Berlin,
Busse, Autos fahrn auf ihm.
Shoppen kann man wunderbar,
doch Kühe sind dort wirklich rar.

Kudamm/Kurfürstendamm

- Schon immer ist er sehr beliebt,
weil es da dichte Wälder gibt,
Weinberge und Wanderwege,
über Schluchten führen Stege.
Auch Heilbäder, die gibt es dort
und jede Art von Wintersport.
Der Aussichtsberg heißt „Schauinsland"
und Kuckucksuhren sind bekannt.
Die Brüder Grimm, vor vielen Jährchen,
nutzten ihn für Gruselmärchen.

Schwarzwald

- In Sachsen gibt es eine Stadt,
  die viele Baudenkmale hat.
  Die Altstadt, wunderschön saniert,
  von einem Gönner finanziert,
  lockt viele Regisseure an
  und zieht sie gleich in ihren Bann.
  Brücken gibt es außerdem,
  nach Polen kann man darauf gehn.
  Neiße heißt der Grenze Fluss,
  den man überqueren muss.
  Die Landeskrone, zu empfehlen,
  will man hinauf, muss man sich quälen.
  Wie wird die alte Stadt genannt,
  auch unter „Görliwood" bekannt?

✓ Görlitz

- Damit kann nur Deutschland glänzen
  weit über alle Landesgrenzen.
  Oft kopiert, so gut es geht,
  das Original im Allgäu steht.
  Bei Füssen es das Bauwerk gibt,
  als Filmkulisse sehr beliebt.
  Wie im Märchen sieht es aus,
  denn viele Türme hat das Haus.
  Der Anwohner in dem Gebiet
  das mit andren Augen sieht.
  Wenn der Touristenstrom sich regt,
  wird der Verkehr meist lahmgelegt.

✓ Schloss Neuschwanstein

***TIPP:** Fragen Sie die Senior*innen, wer dieses Traumschloss schon einmal besucht hat. Lassen Sie die Senior*innen davon erzählen.*

Rätsellied

Flussfahrten

Jetzt fahrn wir auf dem Fluss, auf dem Fluss,
jetzt fahrn wir auf dem Fluss,
von Dresden bis nach Hamburg,
Hamburg, Hamburg, Hamburg,
von Dresden bis nach Hamburg.
Auf welchem Fluss sind wir? ✓ Elbe

Jetzt fahrn wir auf dem Fluss, auf dem Fluss,
jetzt fahrn wir auf dem Fluss,
vom Neiße-Fluss bis Frankfurt,
Frankfurt, Frankfurt, Frankfurt,
vom Neiße-Fluss bis Frankfurt.
Auf welchem Fluss sind wir? ✓ Oder

Jetzt fahrn wir auf dem Fluss, auf dem Fluss,
jetzt fahrn wir auf dem Fluss,
von Mannheim bis nach Duisburg,
Duisburg, Duisburg, Duisburg,
von Mannheim bis nach Duisburg.
Auf welchem Fluss sind wir? ✓ Rhein

Jetzt fahrn wir auf dem Fluss, auf dem Fluss,
jetzt fahrn wir auf dem Fluss,
von Trier bis hin nach Koblenz,
Koblenz, Koblenz, Koblenz,
von Trier bis hin nach Koblenz.
Auf welchem Fluss sind wir? ✓ Mosel

Jetzt fahrn wir auf dem Fluss, auf dem Fluss,
jetzt fahrn wir auf dem Fluss,
von Regensburg nach Passau,
Passau, Passau, Passau,
von Regensburg nach Passau.
Auf welchem Fluss sind wir?

Donau

(nach der Melodie von „Jetzt fahrn wir übern See", Kinderlied aus Böhmen, zweite Hälfte des 19. Jahrhunderts)

***TIPP**: Das Lied eignet sich gut für eine anschließende Gesprächsrunde zum Thema. Fragen Sie die Senior*innen z. B.:*

- *Haben Sie schon einmal eine Flussfahrt unternommen, als Tagesausflug oder als Urlaubsreise, in Deutschland oder auf anderen Flüssen der Welt? Auf welchem Fluss?*
- *Haben Sie das Schaukeln des Schiffes gut vertragen?*
- *Fällt Ihnen zu Ihrer Flussfahrt eine besondere Begebenheit ein?*

Kesselrätsel

Es gibt Wörter, die gleich klingen,
doch sind sie Namen von zwei Dingen.
Der eine ist bestens bekannt
Wanderern im ganzen Land.
Naturliebhaber allgemein
woll'n in dem Gebirge sein.
Der Brocken ist sein höchster Berg,
gegen die Alpen jedoch ein Zwerg.
Das andere können Sie finden
an Buchen, Eichen oder Linden.
Zäh und klebrig tritt es aus,
kommt aus verletztem Holz heraus.

Harz

- Es gibt Wörter, die gleich klingen,
doch sind sie Namen von zwei Dingen.
Der eine ist ein kleiner Fluss,
zum Rhein er immer fließen muss.
Wer Nordrhein-Westfalen kennt,
weiß, wie sich das Flüsschen nennt.
Die andere sitzt im Gesicht,
paarweise, trennen sich nicht.
Frauen malen sie gern an
und man damit küssen kann.
Darauf beißen kann man sich,
doch das schmerzt ganz fürchterlich.

Lippe

- Es gibt Wörter, die gleich klingen,
doch sind sie Namen von zwei Dingen.
Die eine ist ein kleiner Ort.
Thüringer Luft schnuppert man dort.
Bekannte Bauten gibt es nicht.
Die A9 nur für sich spricht.
Die andere kennt jedermann.
Der Bayer hat sie öfters an.
Auf jeden Fall beim Heimatfest
das Stück sich immer sehen lässt.
Möchte Mann gern eine tragen,
sind von Vorteil schöne Waden.

Lederhose

***TIPP**: Fragen Sie die Senior*innen nach weiteren kuriosen Orts- und Städtenamen. Hier eine kleine Sammlung für Sie und Ihre Senior*innen: Amerika, Eiterfeld, Elend, Ende, Frühling, Galgen, Hundeluft, Katzenelnbogen, Lachen, Ober-Ostern, Ort, Rostig, Streit, Übersee.*

- Es gibt Wörter, die gleich klingen,
  doch sind sie Namen von zwei Dingen.
  Die eine gibt's im Ruhrgebiet,
  das im Nordwesten Deutschlands liegt.
  Die Zeche „Zollverein" der Stadt
  tagein, tagaus Besucher hat.
  Sie ist nicht nur im Pott bekannt,
  sondern in jedem Bundesland.
  Das andere, das ist ein Muss.
  Jeder macht es mit Genuss.
  Zu viel davon ist leider nur
  gar nicht gut für die Figur.

  Essen/essen

- Es gibt Wörter, die gleich klingen,
  doch sind sie Namen von zwei Dingen.
  Die eine an der Saale liegt,
  viele Städte es dort gibt.
  Den Roten Turm nur eine hat,
  das Wahrzeichen der schönen Stadt.
  Die Luther-Universität
  gleich neben dem Theater steht.
  Die andre dient verschiednen Zwecken.
  Mal kann man einen Markt entdecken.
  Menschen machen darin Sport
  oder schwimmen an dem Ort.
  In ihr wird auch produziert,
  werden Messen organisiert.

  Halle

TIPP: *Fragen Sie die Senior*innen nach zusammengesetzten Wörtern mit dem Wort „Halle", z. B. Markthalle, Turnhalle, Hallenbad …*

Ratereimgeschichte

HINWEIS: *Lassen Sie beim Vorlesen die gekennzeichneten Reimwörter weg. Bitten Sie die Senior*innen, die fehlenden Wörter zu ergänzen.*

Gedankenreise

Die Gedanken sind frei.
Sie können verreisen.
Drum fliegen wir los
wie Spatzen und … ✓ Meisen.
Zusammen macht es viel mehr Spaß,
keiner bleibt allein.
Jetzt starten wir in Bayern,
im schönen Rosen… ✓ -heim.
Wir fliegen über Wälder.
Die Sicht ist heut sehr gut.
Da sehn wir schon die nächste Stadt.
Das ist bestimmt Lands… ✓ -hut.
Wir machen keine Pause.
Wir schauen hier und dort,
entdecken unter uns
die Dächer von Schwein… ✓ -furt.
Vom Hin und Her der Köpfe
schmerzt uns schon der Hals,
doch keine Zeit zum Jammern,
wir sind in Rheinland-… ✓ Pfalz.
Während unsrer schönen Reise
kommen wir ins Plaudern
und überfliegen unbemerkt
das Pfälzer Kaisers… ✓ -lautern.

Wolken nehmen uns die Sicht,
so kommen wir stattdessen
in ein neues Bundesland,
das wälderreiche ... ✓ Hessen.
Plötzlich zieht ein Sturm heran.
Wir nehmen keinen Schaden.
Schwankend überfliegen wir
Kassel und Wies... ✓ -baden.
Der Sturm, er pfeift ganz laut,
trägt uns mit wildem Brausen
weiter in den Norden,
direkt nach Reckling... ✓ -hausen.
Trotz des starken Sturmes,
der immer noch anhält,
erhaschen wir 'nen Blick
auf die Stadt Biele... ✓ -feld.
Wir fliegen über flaches Land
mit Weiden und mit Schafen
und eh wir uns versehen,
sind wir in Bremer... ✓ -haven.
Im Norden geht's nicht weiter,
dem müssen wir uns fügen.
Wir biegen Richtung Osten ab.
Dort liegt die Insel ... ✓ Rügen.
Auch wenn es uns hier gut gefällt,
wir machen keinen Halt.
Wir drehen jetzt nach Süden ab.
Da sehn wir schon Greifs... ✓ -wald.
Der Tag geht bald zur Neige,
wir müssen schneller ziehn.
Schon sind wir auf dem Weg
zur Hauptstadt, nach ... ✓ Berlin.

Diese riesengroße Stadt
hat ihren Charme und Reiz,
doch ebenso die Berge
in der Sächs'schen ... Schweiz.
Wir fliegen über Berg' und Täler.
Was könnte schöner sein?
Da steht eine Festung
in der Stadt König... -stein.
Wir verlassen Sachsen,
wollen weitersausen.
Als es stark nach Schnaps riecht,
sind wir in Nord... -hausen.
Da zieht ein Gewitter auf,
das kann keiner leiden,
schnell zurück nach Bayern.
Wir überfliegen ... Weiden.
Bis ins schöne Rosenheim
ist es nicht mehr weit.
So eine Gedankenreise
braucht nur wenig ... Zeit.

TIPP: *Bringen Sie für interessierte Senior*innen eine große Deutschlandkarte mit. Lesen Sie die Ratereimgeschichte anschließend noch einmal vor und lassen Sie die Senior*innen den Reiseverlauf gleichzeitig auf der Landkarte verfolgen. Bitten Sie sie, die genannten Städte, Gebirge, Inseln oder Bundesländer auf der Karte zu suchen und zu zeigen.*

Welt der Bücher

Rätseln, raten, reimen ist gut für Alt und Jung.
Es bringt die grauen Zellen wunderbar in Schwung.
Drum aufgepasst und mitgemacht, denn auf den nächsten Seiten
wird ein bestimmtes Thema den Rätselspaß begleiten.

Sie sind nicht mehr wegzudenken,
eignen sich gut zum Verschenken.
Für jedes Alter gibt es sie,
mal sachlich, mal mit Fantasie.
Mit ihnen kann man Zeit verbringen,
ja, sie regelrecht verschlingen.
Voraussetzung für jedermann
ist, dass man gut lesen kann.

✓ Bücher

Lampe, Bücher, Tasse, Brille: © GoodStudio – Shutterstock.com

Rätselreime

- Will man zum Thema etwas wissen,
möchte man mich nicht vermissen.
In mir drin sehr vieles steht,
schön sortiert nach Alphabet.
Ob Tiere, Pflanzen, Schauspielerei,
ob Sport, Geschichte, einerlei,
zu jedem Thema gibt es mich.
Mit neustem Wissen punkte ich.
Leider komm ich aus der Mode.
Das Internet bringt mich zu Tode.

Lexikon

- Verse geben ihnen Klang,
mal sind sie kurz, mal sind sie lang.
Manch einer mag sie nicht so recht,
verfasst von Schiller oder Brecht,
von Lessing, Busch oder auch Heine,
kenne ich nur wenig Reime.
Wer heut per Post von Liebe spricht,
der schreibt vielleicht auch ein …

Gedicht.

- Mich zu lesen, macht nur Sinn,
wenn ich wirklich spannend bin.
Die Handlung spielt im richt'gen Leben.
Einen Täter muss es geben.
Und natürlich einen Held,
der zum Schluss den Täter stellt.
Und wenn die Mimi mich nicht hätt,
ging' sie abends nie ins Bett.

Krimi

- Über ihn kann man berichten
  viele seltsame Geschichten.
  Ein bunter Vogel seiner Zeit
  brachte es dennoch sehr weit.
  Im Zuchthaus sei er wohl gewesen,
  über Reisen konnt man lesen.
  Seine Bücher kennt ein jeder,
  auch verfilmt wurden sie später.
  Ein Museum ist bekannt,
  in Radebeul, nach ihm benannt.
  Sag ich jetzt noch „Winnetou",
  kennen Sie den Mann im Nu.

  Karl May

- Diesen einen Titelheld
  kennt man in der ganzen Welt.
  Auf einem Schiff fuhr er stolz mit,
  bis einen Schiffbruch er erlitt.
  Auf einer Insel ohne Menschen
  muss er ums Überleben kämpfen.
  Daniel Defoe lindert sein Leid,
  schickt „Freitag" zur Geselligkeit.

  Robinson Crusoe

- Ihre Karriere gut verlief,
  noch immer ist sie sehr aktiv.
  Sie führt Bestsellerlisten an,
  zieht Leserinnen in ihren Bann.
  Nach England wird man mitgenommen,
  wo sich letztendlich zwei bekommen.
  Liebe, Leid und Schwärmerei,
  von allem ist etwas dabei.
  „Die Rosenzüchterin" heißt noch ein Wink,
  der führt Sie zu Charlotte …

  Link.

Rätsellied

Wer kennt die schönsten Märchen?

Wer kennt die schönsten Märchen?
Es war einmal ein Wald.
Ein Männlein tanzt ums Feuer,
das Königskind holt's bald. ✓ Rumpelstilzchen

Wer kennt die schönsten Märchen?
Es war einmal der Hans,
der tauschte seinen Klumpen
mit Pferd, Kuh und 'ner Gans. ✓ Hans im Glück

Wer kennt die schönsten Märchen?
Es war einmal ein Schloss.
Dort schlief der ganze Hofstaat,
bis kam ein Prinz mit Ross. ✓ Dornröschen

Wer kennt die schönsten Märchen?
Es war einmal ein Koch,
der suchte stets ein Kräutlein.
Am Ende fand er's doch. ✓ Zwerg Nase

Wer kennt die schönsten Märchen?
Es war einmal ein Sack.
Ein Knüppel steckte drinnen,
vertrieb das Diebespack. ✓ Tischchen deck dich

Wer kennt die schönsten Märchen?
Es war einmal ein Haus,
da wohnten nun vier Tiere.
Die Räuber rissen aus. ✓ Die Bremer Stadtmusikanten

Wer kennt die schönsten Märchen?
Es war einmal ein Zopf,
der hing aus einem Turme
an einem hübschen Kopf. ✓ Rapunzel

Wer kennt die schönsten Märchen?
Es war einmal ein Kind
und auf sein Linnenkleidchen
die Sterne fiel'n geschwind. ✓ Die Sterntaler

Wer kennt die schönsten Märchen?
Es war einmal ein Schuh
und zog man an der Kappe,
so rannte er im Nu. ✓ Die Geschichte vom kleinen Muck

Wer kennt die schönsten Märchen?
Es war einmal im Meer.
Da schwamm 'ne schöne Jungfer,
verliebte sich so sehr. ✓ Die kleine Meerjungfrau

Wer kennt die schönsten Märchen?
Es war einmal 'ne Katz,
die half dem Müllerburschen
bis auf des Königs Platz. ✓ Der gestiefelte Kater

(nach der Melodie von „Wer hat die schönsten Schäfchen" von Johann Friedrich Reichardt [1752–1814])

TIPP: *Versuchen Sie gemeinsam mit den Senior*innen, weitere Strophen zu anderen Märchentiteln zu dichten.*

Kesselrätsel

- Es gibt Wörter, die gleich klingen,
  doch sind sie Namen von zwei Dingen.
  Der eine, ein genialer Streich,
  machte den Erfinder reich.
  Ein Deutscher machte sich ans Werk.
  Sein Name war Herr Gutenberg,
  der stellte her zum ersten Mal
  Geschriebenes in großer Zahl.
  Der andere ist eine Kraft,
  die man auf eine Fläche schafft.
  Berechnen kann man ihn geschwind.
  Die Formel lernt man schon als Kind.

  ✓ Druck

*__TIPP__: Fordern Sie die Senior*innen zu einer Schätzrunde auf. In welchem Jahrhundert erfand Johannes Gutenberg den Buchdruck? (im 15. Jahrhundert)*

- Es gibt Wörter, die gleich klingen,
  doch sind sie Namen von zwei Dingen.
  Den einen hat ein jedes Buch,
  meist aus Karton, seltner aus Tuch.
  Er hält beide Deckel fest,
  damit das Buch sich binden lässt.
  Beschriftet wird er außerdem,
  so kann man schnell den Titel sehn.
  Den anderen hat Mensch und Tier.
  Hinten ist er auch bei mir.
  Man sagt: Auch er kann uns entzücken,
  ein wohlgeformter, schöner …

  ✓ Rücken

Es gibt Wörter, die gleich klingen,
doch sind sie Namen von zwei Dingen.
Der eine ist ein Lebenswerk,
den uns Herr Goethe hat beschert.
Er ist gelehrter Titelheld
und bereist die ganze Welt,
doch nur, weil er gewettet hat
und mit Mephisto schloss 'nen Pakt.
Weit voraus der eignen Zeit,
bringt er Gretchen sehr viel Leid.
Die andere mach ich im Nu.
Eine Hand brauch ich dazu.
Muss sie nur zusammenballen,
was nicht jedem wird gefallen.
Nutzt man sie zur Schlägerei,
kommt garantiert die Polizei.

Faust

Es gibt Wörter, die gleich klingen,
doch sind sie Namen von zwei Dingen.
Den einen muss der Autor wählen.
Er darf nicht zu viel erzählen.
Spannend soll er möglichst klingen,
erfolgreich um die Kundschaft ringen.
Zu klein sein sollt er besser nicht,
damit er uns ins Auge sticht.
Der andere, der ist begehrt,
in Adelshäusern stets vererbt.
Auch ein König hat die Macht,
ihn zu verleihen mit Bedacht.
Und, es ist zum Haareraufen,
jetzt kann man diesen auch schon kaufen.

Titel

- Es gibt Wörter, die gleich klingen,
doch sind sie Namen von zwei Dingen.
Die eine, aus Papier gemacht,
ist für jedermann gedacht.
Pappe nutzt man häufig auch
für die Kleinen zum Gebrauch.
Man kann sie lesen und betrachten.
Beim Umblättern muss man beachten,
dass sie nicht einreißt oder knickt
und die richt'ge Zahl erblickt.
Die andere bespielt die Hand,
ist auf ein Instrument gespannt.
Sie ist nur ein dünner Strang.
Der erzeugt den schönsten Klang.

Seite/Saite

HINWEIS: *Weisen Sie die Senior*innen hier darauf hin, dass die Wörter gleich klingen, aber verschieden geschrieben werden.*

- Es gibt Wörter, die gleich klingen,
doch sind sie Namen von zwei Dingen.
Der eine war ein deutscher Mann,
von dem man vieles lesen kann.
Nicht nur von unendlichen Geschichten
weiß der Autor zu berichten.
Momo schuf er und Jim Knopf.
Er war ein kreativer Kopf.
Das andere hat jedes Buch,
wird zuweilen auch verflucht.
Oder es kommt mit Verdruss,
auf jeden Fall immer am Schluss.

Autor: Michael Ende; Ende

Ratereimgeschichte

***HINWEIS**: Lassen Sie beim Vorlesen die gekennzeichneten Reimwörter weg. Bitten Sie die Senior*innen, die fehlenden Wörter zu ergänzen.*

Herr Duden verreist

Konrad Duden, den kennt jeder. Sein Wörterbuch es heut noch gibt.
Er ist Philosoph und Lehrer, der die deutsche Sprache … ✔ liebt.
Doch manch eine Begebenheit, die ist noch unbekannt.
Drum will ich sie erzählen. Sind Sie schon ge… ✔ -spannt?
Herr Duden war ein kluger Mann mit Ausdauer und Geiste
und wenn die Arbeit war getan, er dann auch gern ver… ✔ -reiste.
So fuhr er eines Tages zur Sommerzeit ans Meer.
Auf Wellen, Strand und Seeluft freute er sich … ✔ sehr.
Auf seinen Urlaubsreisen fuhren immer mit
alle seine Buchstaben, begleitend Schritt für … ✔ Schritt.
Und eines Tages war's passiert: Herr Duden lief am Strand.
Da zog ein Gewitter auf und er ist los… ✔ -gerannt.
Und dabei verlor er sie, die Buchstaben, oh Schreck.
Das S und Sch, die waren nun ganz plötzlich einfach … ✔ weg.
Die Folgen war'n gleich abzusehen in der Meereswelt.
Was hatte der Herr Duden da bloß an… ✔ -gestellt?
Auf dem Wasser fuhren _iffe,
keine Segler, keine … ✔ Schiffe.
Eine Fischart hieß nun _olle,
früher nannte man sie … ✔ Scholle.
Überall schwammen _ardinen,
vergeblich suchte man … ✔ Sardinen.
Der Delfin fand einen _eestern,
wollte eigentlich zum … ✔ Seestern.

Bei den Korallen stand ein ▢wertfisch,
wäre gern wieder ein … ✓ Schwertfisch.
Auf dem Grund kroch eine ▢necke,
jeder kannte sie als … ✓ Schnecke.
Das Wasser war nun trüb und ▢alzig,
war doch sonst immer ganz … ✓ salzig.
Am Strand lag tonnenweise ▢and,
verschwunden war der weiche … ✓ Sand.
Auf das Meer schien nur die ▢onne.
Es gab nicht einmal mehr die … ✓ Sonne.
Das konnte der Herr Duden keinesfalls erlauben,
die schöne deutsche Sprache der Buchstaben be… ✓ -rauben?
Er suchte und er suchte, bei Tag und in der Nacht.
Seine ganze Urlaubszeit hat er damit ver… ✓ -bracht.
Er konnte es nicht fassen, war völlig deprimiert
und am letzten Urlaubstage ist es dann … ✓ passiert.
Er gönnte sich zum Abendmahl einen leckren Fisch.
Als er dessen Bauch aufschnitt, sprangen auf den … ✓ Tisch:
erst das S und dann das Sch, hipp-hipp, hipp-hipp, hurra.
Alles hatte seine Ordnung, sie waren wieder … ✓ da.

***TIPP**: Die Ratereimgeschichte eignet sich gut für eine anschließende Gesprächsrunde zum Thema Urlaub am Meer. Fragen Sie z. B.:*

- *An welchem Meer haben Sie Urlaub gemacht?*
- *Haben Sie gern Strandspaziergänge unternommen oder Strandgut gesammelt? Haben Sie etwas Besonderes oder Ungewöhnliches am Strand gefunden?*
- *Kennen Sie einen Traumstrand? Wo liegt er?*